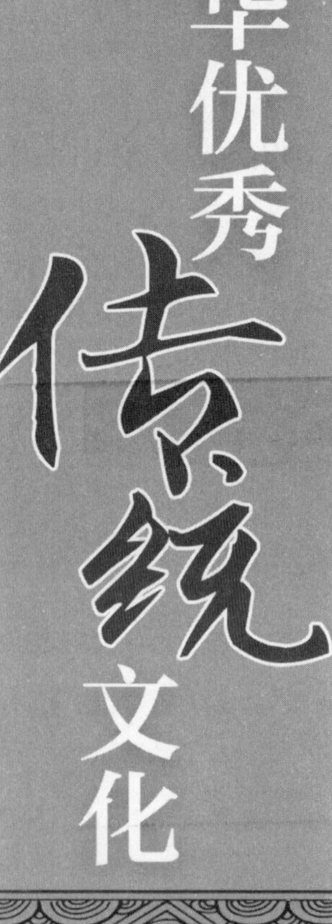

学习指导与实践

Zhonghua Youxiu Chuantong Wenhua
Xuexi Zhidao Yu Shijian

（第二册 · 北京卷）

主　编　李晓云　孙淑华　张清珂

副主编　韩德敏　刘晓恬

参　编　（按姓氏拼音排序）

郭媛媛　薛　飞

中国劳动社会保障出版社

图书在版编目（CIP）数据

中华优秀传统文化学习指导与实践．第二册，北京卷 / 李晓云，孙淑华，张清珂主编．-- 北京：中国劳动社会保障出版社，2022
全国技工院校文化系列教材
ISBN 978-7-5167-5413-9

Ⅰ．①中… Ⅱ．①李… ②孙… ③张… Ⅲ．①中华文化 - 技工学校 - 教材 Ⅳ．① K203
中国版本图书馆 CIP 数据核字（2022）第 131385 号

中国劳动社会保障出版社出版发行
（北京市惠新东街 1 号　邮政编码：100029）
*
北京市白帆印务有限公司印刷装订　　新华书店经销

787 毫米 × 1092 毫米　16 开本　10.5 印张　200 千字
2022 年 8 月第 1 版　　2024 年 1 月第 2 次印刷
定价：21.00 元

营销中心电话：400-606-6496
出版社网址：http://www.class.com.cn
http://jg.class.com.cn

前　言

“唯有精神上达到一定的高度，这个民族才能在历史的洪流中屹立不倒、奋勇向前。”中华文化源远流长、灿烂辉煌。在5 000多年文明发展中孕育的中华优秀传统文化，代表着中华民族独特的精神标识。今天，技工院校的学生正在技能之路上不断前行；未来，他们会在技能的舞台上一展雄姿，成为适应世界科技革命和产业变革的高技能人才。世界形势风云变幻之下，中国的高技能人才不仅需要熟练掌握技能，还需要具备深厚的人文素养、拥有做中国人的底气和自信。因而，学习中华优秀传统文化就变得十分有必要。中华优秀传统文化是中华文明的智慧结晶和精华所在，是中华民族的根和魂。我们从中汲取营养，必能在文化激荡中站稳脚跟。

中华优秀传统文化需要在书本中获得，也需要在活动和实践中内化。“中华优秀传统文化学习指导与实践”系列就是让学生在学习完中华优秀传统文化相关知识后，一步一步引领学生在练习与实践中内化真知。

结合学生的认知规律，我们确定了中华优秀传统文化的内化过程：初步体悟—实践感知—体悟升华。具体到每课来说，“初步体悟”环节深度解析了“中华优秀传统文化”系列中“含英咀华”部分的选文，从重难点字词注音与注释、作者生平与写作背景介绍、选文朗诵等几个维度“扶一扶”学生，辅助学生完成知识巩固与文化的初步体悟；“实践感知”环节呼应了“中华优秀传统文化”系列“博观约取”“源远流长”“谈古论今”等部分的内容，又做了适度发挥和超越，旨在通过录制小视频、拍摄情景剧、组织辩论赛、当众去演讲、实地去调研、充当小导游等诸多学生们喜爱的活动形式，引导学生在活动中、在参与中完成实践探索和心灵体悟；“体悟升华”环节将“中华优秀传统文化”系列“含英咀华”部分的选文做成了字帖，力求让学生们在描红的时候静下来、慢下来，在眼、手、脑、心的“合奏”下将已学、已做、已感受之内容“熔”为己物，完成体悟的升华。借助“中华优秀传统文化学习指导与实践”系列，学生获得了文化的熏陶，在动手、动嘴、动脑、动心中自觉完成了文化吸收和文化浸润，以上这些，终将外化为具有文化素养的个体行为。

本套北京卷为“中华优秀传统文化学习指导与实践”系列之一，由北京市职业能力建设指导中心组织编写，一线骨干教师执笔，共分四册。单册设四个单元，分别是百工之艺、处世之道、哲人之思、民俗之情，各册相同。每单元包含四课，每课一个主题。全书秉承“中华优秀传统文化学习指导与实践”系列的设计理念，以学生为中心、以活动为载体、以能力为本位，引导学生在自主探究中领悟“百工之艺”单元能工巧匠技术背后的真谛，体会“处世之道”单元先贤们总结出来的处事原则和方法，分析“哲人之思”单元伟大的哲人们传授给我们的看待世界的方式和自我价值的认定模式，沐浴“民俗之情”单元给予我们的礼俗洗礼。

大道至简，知易行难，知行合一，得到功成。希望技工院校的学子们能够在学习和内化中华优秀传统文化的过程中完成文化自信的重塑，站在先人的肩膀上继续投身于永不止步的自我完善之中、投身于民族的伟大复兴之中，成为真正的高技能人才，收获有分量的人生！

目　录

百工之艺

第一课　华园锦绣

一、文润心田　书香同行

扫二维码，听朗诵录音；结合注释、作者生平和写作背景，体会诗文中蕴含的思想感情。

园说[1]（节选）

［明］计成

凡结[2]林园，无分村郭，地偏为胜，开林择剪蓬蒿(hāo)[3]；景到随机，在涧(jiàn)共修兰芷。径缘三益[4]，业拟千秋。围墙隐约于萝间，架屋蜿蜒于木末。山楼凭远，纵目皆然；竹坞(wù)[5]寻幽，醉心既是。轩楹(yíng)[6]高爽，窗户虚邻[7]；纳千顷之汪洋，收四时[8]之烂漫。梧阴匝(zā)地，槐荫当庭；插柳沿堤，栽梅绕屋；结茅竹里，浚(jùn)[9]一派之长源；障锦山屏，列千寻[10]之耸翠，虽由人作，宛自天开[11]。刹宇隐环窗，仿佛片图小李[12]；岩峦堆劈石，参差半壁大痴[13]。萧寺[14]可以卜邻，梵音[15]到耳；远峰偏宜借景，秀色堪餐。紫气青霞，鹤声送来枕上；白苹红蓼(liǎo)[16]，鸥盟[17]同结矶(jī)边。

【注释】

1. 本文选自《园冶》,《园冶》是明代造园家计成总结造园经验的杰作。该书反映了中国古代造园的成就，是研究中国古代园林的重要著作。
2. 结：建筑，营造。
3. 蓬蒿：这里指野生杂草。
4. 三益：古人对梅、竹、石有“三益之友”的称呼。
5. 竹坞：竹林深处的空地。坞，四面高中间凹下的地方。
6. 轩楹：此处指高大敞亮的屋宇。轩，有窗的长廊或房屋。楹，屋前的柱子。
7. 窗户虚邻：排列在一起的门窗开敞着。
8. 四时：四季。
9. 浚：疏通，指开挖河道或水井。

10. 千寻：寻为古代的长度单位，八尺（一说七尺）为一寻。“千寻”形容极高或极长。

11. 虽由人作，宛自天开：是计成《园冶》中的名言。意即虽然是设计者人力营造的，但是如同天然形成的一般。人作，人力营造。

12. 小李：唐代画家李昭道。其与父李思训合称“大小李将军”。李思训以青绿山水画著称，唐时被称为“国朝山水第一”。李昭道继承父业，被称为“小李将军”，唐代张彦远的《历代名画记》有“变父之势，妙又过之”的说法。

13. 大痴：指元代画家黄公望，号大痴道人，常熟（今属江西）人，传世作品有《富春山居图》。

14. 萧寺：佛寺。因南朝梁武帝萧衍大修佛寺，后称佛寺为萧寺。唐代李贺《马诗》：“萧寺驮经马，元从竺国来。”

15. 梵音：从佛寺传出的声音。梵为古印度语言，佛教中常常用梵表示与佛教有关的事物。

16. 红蓼：水边生长的蓼科草类。

17. 鸥盟：与鸥鸟结伴。

【作者生平】

计成，明末著名造园家，字无否，吴江（今属江苏）人。少年时即以善画山水而知名，酷爱五代杰出画家荆浩和关仝的笔意，属写实画派。喜好游历风景名胜。青年时代游历燕京（今北京）、湖北、湖南等地，中年回到江南，定居镇江，转事造园。明代天启三至四年（1623—1624），计成应常州吴玄的聘请，营造了“东第园”，这是他的成名之作。他的代表作还有在仪征县为汪士衡修建的“寤园”，在南京为阮大铖修建的“石巢园”，在扬州为郑元勋改建的“影园”等。计成根据自己丰富的实践经验，于1634年写成中国最早的和最系统的造园著作——《园冶》。

【写作背景】

《园说》是对园林的概述，包括造园程序、园林的规划设计和造园原则，以及江南园林的功能和审美价值。计成提出了“景到随机”的造园原则，强调因地制宜，根据园址的地形和自然环境营造景观。计成还提出了“虽由人作，宛自天开”的规划设计原则，追求“妙造自然”的审美体验。虽然是人工造景，但宛如天然生成一般，即建筑物要与山水环境融为一体，不可喧宾夺主。

明清时期，许多江南园林都借鉴了文人山水画的画意。造园家从知名的山水画中汲取灵感，规划设计景观，赋予景观丰富的人文内涵。计成也不例外，他提出学习、参考山水画来规划设计园林的人文景观，处理建筑物与自然山水的关系。凭窗远眺，远山上的古刹庙宇若隐若现，犹如唐代李昭道的山水画；园林中的山石峭立，如同元代画家黄公望的山

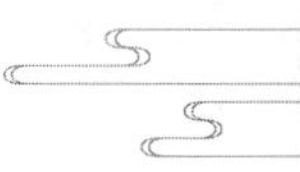

水画。作者有意把园林造景和意境感受联系起来，勾画出中国江南园林诗情画意、情景交融的特色。《园说》全文没有采用下定义的形式作讲解，而是以优美的骈体文描绘了一幅幅园林风光图，字里行间传达了极其丰富的造园思想。

悠然把酒对西山——颐和园（节选）

陈从周

颐和园是以杭州西湖为蓝本，精心模拟，故西堤、水岛、烟柳画桥，移江南的淡妆，现北地之胭脂，景虽有相同，趣则各异。园面积达三四平方公里，水面占四分之三，“北国江南”因水而成。入东宫门，见仁寿殿，峻宇翚(huī)[1]飞，峰石罗前。绕其南豁然开朗，明湖在望。万寿山面临昆明湖，佛香阁踞(jù)[2]其颠，八角四层，俨然为全园之中心。登阁则西山如黛，湖光似镜，跃然眼帘；俯视则亭馆扑地，长廊萦(yíng)[3]带，景色全囿(yòu)于[4]一园之内，其所以得无尽之趣，在于借景。小坐湖畔的湖山真意亭，玉泉山山色塔影，移入槛(jiàn)[5]前，而西山不语，直走京畿(jī)[6]，明秀中又富雄伟，为他园所不及。

【注释】

1. 翚：鼓翼奋飞，这里是指殿宇飞檐。
2. 踞：盘踞。
3. 萦：围绕。
4. 囿于：局限于。
5. 槛：窗户下或长廊旁的栏杆。
6. 京畿：国都及其周边的地区。

【作者生平】

陈从周（1918—2000），中国古园林古建筑研究家、画家、诗文家。名郁文，字从周，晚年别号梓翁，浙江杭州人。1948 年成为画家张大千的入室弟子，攻山水、人物、花卉。历任之江大学副教授、同济大学教授、中国建筑学会建筑史学术委员会第六届副主任等。专门从事中国古建筑、古园林的教学和研究，提出“园有静观、动观之分”的造园见解。新中国成立后，积极从事保护、研究古建筑工作。曾参与指导上海豫园、嘉定孔庙的修复设计工作。他总结了中国园林的理论，代表作有《苏州园林》《扬州园林》《说园》等。

【写作背景】

颐和园是我国北方皇家园林的代表，具有极高的历史文化价值和艺术观赏价值。它是

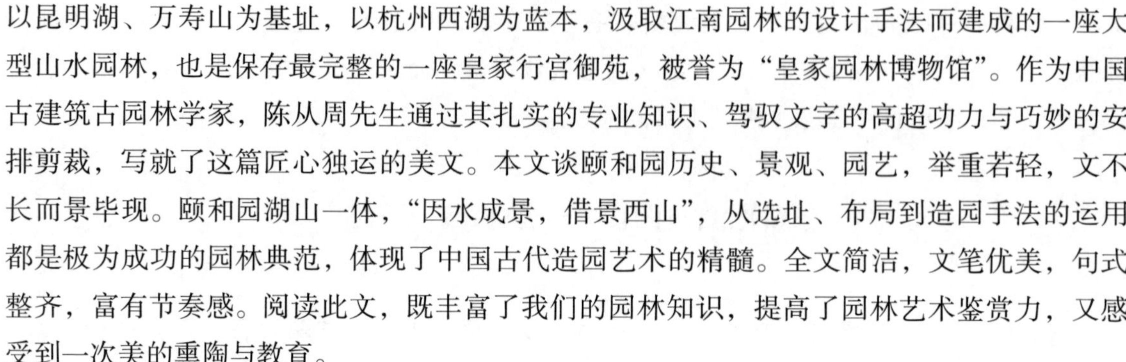
以昆明湖、万寿山为基址，以杭州西湖为蓝本，汲取江南园林的设计手法而建成的一座大型山水园林，也是保存最完整的一座皇家行宫御苑，被誉为“皇家园林博物馆”。作为中国古建筑古园林学家，陈从周先生通过其扎实的专业知识、驾驭文字的高超功力与巧妙的安排剪裁，写就了这篇匠心独运的美文。本文谈颐和园历史、景观、园艺，举重若轻，文不长而景毕现。颐和园湖山一体，“因水成景，借景西山”，从选址、布局到造园手法的运用都是极为成功的园林典范，体现了中国古代造园艺术的精髓。全文简洁，文笔优美，句式整齐，富有节奏感。阅读此文，既丰富了我们的园林知识，提高了园林艺术鉴赏力，又感受到一次美的熏陶与教育。

二、励志砺学　知行合一

请从下面五组学习任务中至少选择两组并完成。

学习任务一：踏寻历史园林古迹

众所周知，圆明园是清代著名的皇家园林，同时也是知名的皇家博物馆，当时许多珍奇异宝、书画艺术杰作都收藏在此。咸丰十年（1860）10月6日，英法联军占领圆明园，进行了疯狂的破坏和洗劫，并于10月18日用一把大火将圆明园烧成一片废墟。1979年，圆明园遗址被列为北京市重点文物保护单位，其整修工作也逐步展开。

圆明园作为知名的皇家园林，其规模宏大、营造技艺杰出，同时承载了丰富的历史文化。作为首都青年学生，我们应该对其有所了解。

（一）活动规则

1. 通过检索网络、阅读书籍、观看纪录片等形式，搜集关于圆明园不同时期的历史事件及其建筑特点的资料。

2. 将搜集到的资料整理提炼，完成表格。

3. 每位同学结合表格介绍自己了解到的关于圆明园的知识，其他同学边听边记，补充完善自己的表格。

（二）活动内容

请将检索到的信息，归纳至下表。

历史事件及建筑特点汇总表

历史时期	主要人物	事件简述

续表

历史时期	主要人物	事件简述
建筑特点：		

学习任务二：积累专业名词知识

“烫样”是古代建筑设计中的一种立体模型，是研究古代建筑历史、文化及工艺的重要资料，也是部分古建筑修缮或复建的重要参考。我们从教材“谈古论今”中了解了“烫样”。其实，建筑学还有很多专业名词，就让我们来一起了解一下吧！

（一）活动规则

1. 3~5 名同学一组，搜集建筑学专业名词，在此基础上准备介绍词，酌情选配图片。

2. 各组选派一名组员进行介绍，其他同学做好记录。

3. 小组汇报完毕，其他小组对该组的活动成果进行点评。

（二）活动内容

每组同学在听其他组介绍的过程中，注意做好记录。

我的搜集：

____

____

____

____

我的补充：

____

____

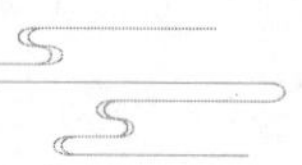

学习任务三：分享园林游览亮点

中国园林已有上千年的历史，随着时代变迁和社会发展，中国园林逐步形成了鲜明的风格。《诗经·灵台》中记载的“灵囿”，是我国最早见于文字记载的园林。“苑”是汉代在“囿”的基础上发展出来的新的园林形式。南北朝、隋、唐、宋时期的园林经过不断的发展，各具成就。元、明、清三代于北京建都，故宫御花园，圆明园，颐和园，西苑三海（北海、中海、南海），静宜园（在香山），静明园（在玉泉山）等，均凝结了南北地区主要园林风格特色，是我国不折不扣的园林宝藏。

（一）活动规则

1. 4~6 人为一组，每人回忆自己曾游览过的古代园林有哪些让人印象深刻的景致，精心挑选游览照片，在小组内进行展示介绍，并由一名同学做好记录。

2. 各小组制订计划，做好人员分工，将本组同学的介绍文案和图片进行提炼整理，制作成 PPT。

3. 各小组选派一名代表，就本组的 PPT 向全班同学汇报展示。

4. 组织评分，填写评价表，然后进行排名，评选出班内前三名并给予奖励；归纳亮点，查找不足，进行自我修改和完善。

（二）活动内容

1. PPT 风格鲜明，形式美观，结构清晰，用图具有代表性。

2. 组代表发言生动有趣、条理清晰、详略得当、声音洪亮。

评价表

组号	姓名	展示题目	内容	形式	表达	特点	总分

（注：满分 20 分，内容、形式、表达、特点每项 5 分，各组成员请酌情打分，评选出班内前三名。）

学习任务四：践行劳动精神

我国传统建筑的类型多样，除了前文说到的园林，还有宫殿、民居、佛塔、寺观等。可以说，建筑不仅仅是技艺的体现，更是一种艺术。经过长期的实践和不断的摸索，我国传统建筑设计者吸收了其他传统艺术如雕刻、绘画等的精髓，创造了斑斓繁复的艺术作品。它们是我国历史文化和民族特色的传承和汇聚，更是无数古代劳动人民的辛勤成果和智慧结晶。

（一）活动规则

1. 思考中国传统建筑蕴含了我们古代劳动人民的哪些精神，填入卡片。

2. 结合卡片总结发言提纲，和同学们讲讲你的感悟。

3. 认真听同学发言，及时补充、点评。

（二）活动内容

我认为中国传统建筑蕴含了我们古代劳动人民＿＿＿的精神，作为青年学生，我应该＿＿＿＿＿＿＿＿＿＿＿＿＿＿＿＿＿＿＿＿＿＿＿＿＿＿＿＿＿。

学习任务五：记录历史园林剪影

圆明园是“圆明三园”［圆明园及其附园长春园、绮春园（同治时改名万春园）总称“圆明三园”］之一，位于北京市西北郊，其规模在清代皇家园林中仅次于承德避暑山庄。这里不仅有江南名园景致，还创造性地移植了西方园林结构。威严壮观的宫殿、精巧秀美的亭台、诗情画意的湖景、丰富珍贵的文物……每一处都有其独特的魅力，自成一格。

（一）活动规则

1. 以班级为单位，游览北京圆明园，游览中拍下你认为最能代表圆明园建筑艺术特色的景致，上交 2~3 幅摄影作品。

2. 沿途记录游览心得，回校后撰写一篇游记，上传至班级群。

3. 往返途中注意安全，出发（返回）准时集合。

4. 园区内注意游览秩序和文明规范。

（二）活动内容

1. 上交的摄影作品自拟主题，最好是有画龙点睛意味的主题，建议通过 1~2 句话简要说明作品内容、思想。

2. 撰写游记时要抓住景物特点描写景物，重点突出，详略得当。

三、妙笔生辉　墨润心田

请完成以下字帖描红。

园说（节选）

［明］计成

凡结林园，无分村郭，地偏为胜，开林择剪蓬蒿；景到随机，在涧共修兰芷。径缘三益，业拟千秋。围墙隐约于萝间，架屋蜿蜒于木末。山楼凭远，纵目皆然；竹坞寻幽，醉心既是。轩楹高爽，窗户虚邻；纳千顷之汪洋，收四时之烂漫。梧阴匝地，槐荫当庭；插柳沿堤，栽梅绕屋；结茅竹里，浚一派之长源；障锦山屏，列千寻之耸翠，虽由人作，宛自天开。刹宇隐环窗，仿佛片图小李；岩峦堆劈石，参差半壁大痴。萧寺可以卜邻，梵音到耳；远峰偏宜借景，秀色堪餐。紫气青霞，鹤声送来枕上；白苹红蓼，鸥盟同结矶边。

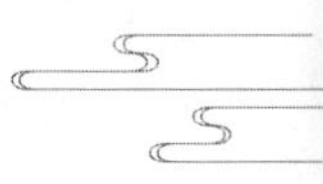

悠然把酒对西山

——颐和园（节选）

陈从周

颐和园是以杭州西湖为蓝本，精心模拟，故西堤、水岛、烟柳画桥，移江南的淡妆，现北地之胭脂，景虽有相同，趣则各异。园面积达三四平方公里，水面占四分之三，“北国江南”因水而成。入东宫门，见仁寿殿，峻宇翚飞，峰石罗前。绕其南豁然开朗，明湖在望。万寿山面临昆明湖，佛香阁踞其颠，八角四层，俨然为全园之中心。登阁则西山如黛，湖光似镜，跃然眼帘；俯视则亭馆扑地，长廊萦带，景色全囿于一园之内，其所以得无尽之趣，在于借景。小坐湖畔的湖山真意亭，玉泉山山色塔影，移入槛前，而西山不语，直走京畿，明秀中又富雄伟，为他园所不及。

第二课　四合谐美

一、文润心田　书香同行

扫二维码，听朗诵录音；结合注释、作者生平和写作背景，体会诗文中蕴含的思想感情。

老北京的四合院（节选）

邓云乡

四合院之好，在于它有房子、有院子、有大门、有房门。关上大门，自成一统；走出房门，顶天立地；四顾环绕，中间舒展；廊栏曲折，有露有藏。如果条件好，几个四合院连在一起，那除去合之外，又多了一个深字。“庭院深深深几许”[1]“一场愁梦酒醒时，斜阳却照深深院”[2]……这样纯中国式的诗境，其感人之处是和古老的四合院建筑分不开的。

北京四合院好在其合，贵在其敞。合便于保存自我的天地；敞则更容易观赏广阔的空间，视野更大，无坐井观天之弊。这样的居住条件，似乎也影响到居住者的素养气质。一是不干扰别人，自然也不愿别人干扰。二是很敞快、较达观、不拘谨、较坦然，但也缺少竞争性，自然也不斤斤计较。三是对自然界很敏感，对春夏秋冬岁时变化有深厚情致。

【注释】

1. 出自宋代欧阳修的《蝶恋花》。
2. 出自宋代晏殊的《踏莎行》。

【作者生平】

邓云乡（1924—1999），山西灵丘人。1947 年毕业于北京大学中文系。先后任教于山西大同中学、天津中学、上海电力学院等。邓云乡自幼受中国传统文化熏陶，具有深厚的文史功底，学识渊博，兴趣广泛，善于思考，勤于撰述。著有《燕山乡土记》《北京的风土》《红楼风俗谭》《北京四合院》《清代八股文》，还有散文集《书情旧梦》《秋水湖山》《花鸟虫鱼》《吾家祖屋》等。

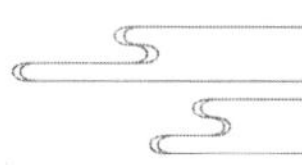

【写作背景】

在中国院落式民居中，北京四合院具有典型的代表意义，它不仅是老北京的主要建筑形式，而且是北京的文化符号。邓云乡自幼在北京文化熏陶中成长，对于北京最有感情，他说自己“最爱写的，最感兴趣的，最有滋味的，还是写北京旧事”。邓云乡精通民间流传的习俗、歌谣、故事、谚语，是一代民俗学家，是极个别能让历史“活”起来的学者，所以他写的北京四合院有一种别人写不出来的乡土味道，那风味不在于文笔，不在于学识，而在于其对北京文化精髓的透彻了解和深刻剖析。

邓云乡不只写四合院的外观，更写四合院的内里。他通过对最普通人日常生活的描摹，反映最具国民特色的中华文化。邓云乡笔下的四合院“冬情素淡而和暖，春梦混沌而明丽，夏景爽洁而幽远，秋心绚烂而雅韵”，读之不仅可了解四合院的悠久历史，亦可领略北京的独特风韵。

四合院的精神（节选）

叶兆言

四合院是传统中国的写真，小小一个四合院，最适合旧式中国家庭居住。有一个德高望重的老爷子，一定德高望重，只有德高望重，才压得住阵脚[1]，才能得到一大家子的敬重和爱戴。不晚婚，很容易就四世同堂[2]，后代一大堆。于是儿子辈有出息，媳妇们贤惠，孙子不是找了事做，就是还在学堂里读书。冬日里阳光明媚，安度晚年的老爷子在屋檐下晒太阳，重孙们在院子里追逐打闹，这是一幅很好的画。

四合院可以成为一个袖珍的小世界，几代人同居，子承父业，上行下效，代与代之间的代沟，很自然地就被抹平。世界在变，时代在发展，四合院风吹雨打日晒，却像一个几方面都受力的平行四边形，扭曲变形，仍然还顽强保持着方框框的形象。四合院以不变应万变，人一代代地繁衍，江山一代代替换，四合院还是四合院。

四合院里最适合赏雪。下雪了，隔着玻璃窗看，看雪渐渐有了点意思。窗外的走廊上放着冻柿子，红红的，衬着白白的雪，越看越可爱，终于触动了馋虫，冲出去取那冻得硬邦邦的柿子。院子里已落了厚厚的一层雪，最淘气的那位孙子故意神头鬼脸[3]地从院子中间穿过，在一家人的眼皮底下，丢下一长串清晰的脚印。四合院的雪地上留下的脚印，有一种别样的人情味。

（本文略有删改）

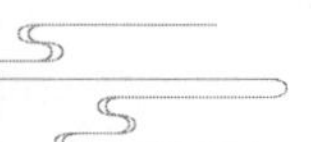

【注释】

1. 压得住阵脚：能使局势稳定。阵脚，指所摆的阵的最前方。
2. 四世同堂：指四代人同在，而且居住在一起。
3. 神头鬼脸：形容怪模怪样，举止反常。这里用来形容孩子的顽皮。

【作者生平】

叶兆言，1957 年生，江苏南京人，作家。1982 年毕业于南京大学中文系，1986 年获南京大学中文系硕士学位。现任江苏省作家协会副主席。20 世纪 80 年代初期开始文学创作，主要作品有八卷本《叶兆言中篇小说系列》，三卷本《叶兆言短篇小说编年》，长篇小说《一九三七年的爱情》《花煞》《别人的爱情》《刻骨铭心》，散文集《流浪之夜》《旧影秦淮》等。

【写作背景】

老北京四合院是北京人世代居住的主要建筑，也是中国传统的住宅建筑典范。北京四合院四四方方，堂堂正正，布局紧凑，错落有致，风貌典雅，气韵超然。那古老的建筑，具有深邃博远的中国文化精神，渗透着一种与自然环境和谐统一的建筑美学内涵。

叶兆言深刻体悟四合院的文化精神，阅读他的文章，犹如在欣赏一幅水墨民居生活风俗长卷，又像在观看京剧的折子戏。

二、励志砺学　知行合一

请从下面五组学习任务中至少选择两组并完成。

学习任务一：体味四合院特色

“四合院”是我国传统的院落住宅形式，由四面房屋合围成一个院落，因此被形象地称为“四合院”，也称“四合房”，流行于全国各地。陕西岐山凤雏建筑遗迹是目前所知的最早的四合院。我国各地区有多种类型的四合院，其中以首都北京的四合院最为典型，也最广为人知。

气派考究的大门，雕工讲究的影壁，精致秀美的垂花门，雕梁画栋的抄手游廊……我国各地区的四合院颇具独特的地域特色，因气候、地理、人文等差异，各地的四合院也反映了当地的历史文化和风土人情。

（一）活动规则

1. 通过网络、书籍、纪录片、博物馆学习我国不同地区四合院的特点与差异，试分析其形成原因。

2. 完成下表，想一想你最喜欢的是哪个地区的四合院，为什么。

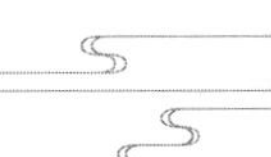

（二）活动内容

四合院信息汇总表

地区	特点	形成原因	我最喜欢

学习任务二：感悟四合院文化

“四合院是传统中国的写真，小小一个四合院，最适合旧式中国家庭居住。有一个德高望重的老爷子，一定德高望重，只有德高望重，才压得住阵脚，才能得到一大家子的敬重和爱戴。”这是叶兆言《四合院的精神》中的一句话，这句话道出了四合院的人文气息和传统风貌。在我国浩瀚的文学典籍中，还有很多作品生动地描写了四合院，找一找，读一读。

（一）活动规则

1. 搜集关于四合院的文学作品，阅读并将你喜爱的句子摘抄下来，谈谈你的感想，并填写表格。

2. 4~5 人一组，分享各自的读书成果。

（二）活动内容

读书成果汇总表

作品名称	作者	摘抄	你的感想

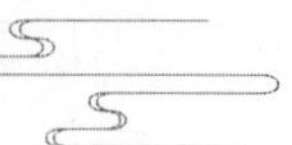

学习任务三：领略四合院之美

四合院是中国的一种传统合院式建筑，院门、影壁、耳房、斗拱等都别具匠心，散发着独特的美。教材“博观约取”中就说道：“本无生命的北京四合院，因居住在这里的人们而充满灵性，建筑之美、艺术之美、人格之美有机融合，流淌在四合院的一砖一瓦、一草一木之间。”

有人说四合院的美是生成的，它的美取决于主体的审美需要。四合院在每个人眼中都有不同视角下的美，让我们一同领略四合院艺术的独特魅力！

（一）活动规则

1. 4~5 人一组，搜集不同风格、形态的四合院图片，从“建筑之美、艺术之美、人格之美”三个维度，评价图片中各个四合院的美，由一名学生记录。

2. 结合讨论评选出你们眼中最美的四合院，将其特点归纳在卡片中。

3. 各组选派一名代表，结合卡片，辅以图片，举例分析本组讨论的最美四合院。

（二）活动内容

请将讨论后的相关信息归纳至下方。

我眼中的最美四合院

1. 建筑之美

举例：

我的体会：

2. 艺术之美

举例：

我的体会：

3. 人格之美

举例：

我的体会：

学习任务四：探讨四合院发展

在城市规划过程中，作为民居的四合院是否还具备存在价值，也是近代以来一个争论的问题。就这一话题，出现了常见的两种截然相反的观点。

正方：四合院应留存并加以保护和修复。四合院是中国独特的传统合院式建筑，历史

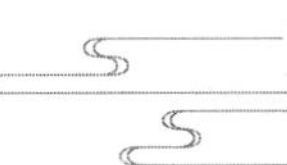

悠久，文化深厚。从居住体验来说，四合院相对安静，周围的噪声被隔绝在外，同时它的建筑形式和空间层次很好，层层递进的空间秩序符合中国人独特的审美情趣。

反方：四合院应该在城市现代化进程中被淘汰。四合院作为民居建筑有很多不足，比如，它的采光性略差。四合院的面积相对固定，太小的面积难以实现四面皆有房屋，所以它的面积普遍偏大，容易导致人气不足，利用效率偏低。同时，它的外观守旧，显得比较古板，不受年轻人喜爱。另外，它的布局也过于分散，如果需要集中供暖、集中供电，也相对不便。

那么你支持哪一种观点呢？为什么？

（一）活动规则

1. 写下自己的观点，提交至班级群，阅读各方观点。

2. 根据提交的观点划分为正反两方，双方讨论并推举 3 名辩手，就“四合院是否还具备存在价值”这一话题展开辩论。

3. 辩论赛需以“友谊第一，比赛第二”为宗旨，严格按照比赛规则展开（详见活动内容）。

4. 辩论期间其他同学可作为观众，记录双方辩手所述要点，并在最终环节进行提问或补充发言。

5. 选派 3 名学生作为评委，在自由辩论结束后就选手发言提问，总结双方亮点与不足，然后根据评分表打分情况宣布获胜方。

（二）活动内容

辩论赛具体规则如下。

1. 正反方一辩选手率先作开篇陈词，时间 1 分 30 秒。

2. 自由辩论共 30 分钟，正反双方各 15 分钟。正方任何一名队员起立，发言完毕后，反方任何一名队员即刻发言，双方依次轮流发言，直到双方时间用完为止。在此时间内，各位辩手的发言顺序和次数不受限制。

3. 不得以长时间提问影响对方答辩，不得以长时间答辩妨碍对方提问，每次发言时限为 30 秒。

4. 自由辩论结束后，正反方推举一名辩手作总结陈词，时间 1 分 30 秒。

5. 根据评分表，得分较高一方为辩论赛获胜方。全班同学投票选举出本场最佳辩手。

参赛选手	开篇陈词得分（20 分）	自由辩论（30 分）	自由辩论扣分原因	总结陈词得分（20 分）	答辩得分（30 分）	总分
正方						
反方						

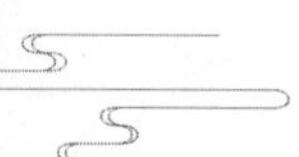

学习任务五：一览四合院风采

随着城市现代化日趋紧密的脚步，20 世纪 80 年代以来，北京的四合院民居大量被淘汰，部分作为传统文化遗产保留下来。除了我们教材中提到的北京鲁迅博物馆、老舍纪念馆、梅兰芳故居、恭王府，北京尚有许多四合院，这其中有少量新建的老式四合院和新式四合院，用作民宿、展馆等。读万卷书不如行万里路，让我们实地走访领略四合院的风采吧！

（一）活动规则

1. 5~7 人为一组，以小组为单位，自主选取或选择教材中提到的四合院（任选其一），利用课余时间结伴实地游览。

2. 游览中拍下你印象深刻的画面并放至下表中，说说其背后蕴含着哪些文化或人文气息。

3. 文明游览，爱护文物，注意安全。

（二）活动内容

汇总表

第__组游览的四合院是：
摄影作品粘贴处：

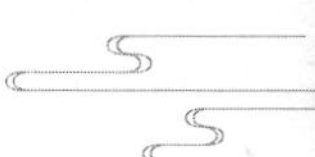

续表

记录它的故事：
我的心得体会：

三、妙笔生辉　墨润心田

请完成以下字帖描红。

老北京的四合院（节选）

邓云乡

四合院之好，在于它有房子、有院子、有大门、有房门。关上大门，自成一统；走出房门，顶天立地；四顾环绕，中间舒展；廊栏曲折，有露有藏。如果条件好，几个四合院连在一起，那除去合之外，又多了一个深字。“庭院深深深几许”“一场愁梦酒醒时，斜阳却照深深院”……这样纯中国式的诗境，其感人之处是和古老的四合院建筑分不开的。

北京四合院好在其合，贵在其敞。合便于保存自我的天地；敞则更容易观赏广阔的空间，视野更大，无坐井观天之弊。这样的居住条件，似乎也影响到居住者的素养气质。一是不干扰别人，自然也不愿别人干扰。二是很敞快、较达观、不拘谨、较坦然，但也缺少竞争性，自然也不斤斤计较。三是对自然界很敏感，对春夏秋冬岁时变化有深厚情致。

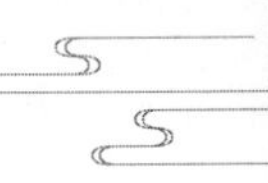

四合院的精神（节选）

叶兆言

四合院是传统中国的写真，小小一个四合院，最适合旧式中国家庭居住。有一个德高望重的老爷子，一定德高望重，只有德高望重，才压得住阵脚，才能得到一大家子的敬重和爱戴。不晚婚，很容易就四世同堂，后代一大堆。于是儿子辈有出息，媳妇们贤惠，孙子不是找了事做，就是还在学堂里读书。冬日里阳光明媚，安度晚年的老爷子在屋檐下晒太阳，重孙们在院子里追逐打闹，这是一幅很好的画。

四合院可以成为一个袖珍的小世界，几代人同居，子承父业，上行下效，代与代之间的代沟，很自然地就被抹平。世界在变，时代在发展，四合院风吹雨打日晒，却像一个几方面都受力的平行四边形，扭曲变形，仍然还顽强保持着方框框的形象。四合院以不变应万变，人一代代地繁衍，江山一代代替换，四合院还是四合院。

四合院里最适合赏雪。下雪了，隔着玻璃窗看，看雪渐渐有了点意思。窗外的走廊上放着冻柿子，红红的，衬着白白的雪，越看越可爱，终于触动了馋虫，冲出去取那冻得硬邦邦的柿子。院子里已落了厚厚的一层雪，最淘气的那位孙子故意神头鬼脸地从院子中间穿过，在一家人的眼皮底下，丢下一长串清晰的脚印。四合院的雪地上留下的脚印，有一种别样的人情味。

（本文略有删改）

第三课　国瓷浴火

一、文润心田　书香同行

扫二维码，听朗诵录音；结合注释、作者生平和写作背景，体会诗文中蕴含的思想感情。

白瓷[1]（节选）

［明］宋应星

凡造杯盘无有定形模式，以两手捧泥盔冒[2]之上，旋盘使转。拇指剪去甲，按定泥底，就大指薄旋而上，即成一杯碗之形（初学者任从作废，破坯(pī)取泥再造）。功多业熟，即千万如出一范。凡盔冒上造小杯者，不必加泥；造中盘、大碗则增泥大其冒，使干燥而后受功。凡手指旋成坯后，覆转用盔冒一印，微晒留滋润，又一印，晒成极白干，入水一汶[3]，漉(lù)上盔冒，过利刀二次（过刀时手脉微振，烧出即成雀口）。然后补整碎缺，就车上旋转打圈。圈后或画或书字，画后喷水数口，然后过釉(yòu)。

…………

凡瓷器经画过釉之后，装入匣钵(bō)（装时手拿微重，后日烧出即成坳(ào)口，不复周正）。钵以粗泥造，其中一泥饼托一器，底空处以沙实之。大器一匣装一个，小器十余共一匣钵。钵佳者装烧十余度，劣者一二次即坏。凡匣钵装器入窑，然后举火。其窑上空十二圆眼，名曰天窗。火以十二时辰[4]为足。先发门火十个时，火力从下攻上，然后天窗掷柴烧两时，火力从上透下。器在火中其软如棉絮，以铁叉取一，以验火候之足。辨认真足，然后绝薪止火。共计一坯工力，过手七十二，方克成器，其中微细节目尚不能尽也。

【注释】

1. 选自《天工开物》，我国古代一部综合性的科学技术著作。
2. 冒：蒙，盖。
3. 入水一汶：瓷器生产过程中，施釉以前，干的生坯或经素烧的熟坯均需进行表面的

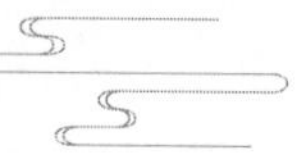

清洁处理，除去积存的尘垢及油渍，以保证坯体表层光滑，使釉能牢固而均匀地黏附在坯体上。清洁时，可把坯体“入清水一蘸而起”，或用排笔等浸水湿抹。汶，沾。

4. 时辰：一时辰为两小时。

【作者生平】

宋应星（1587—？），明末科学家，字长庚，江西奉新人。28 岁中举人，崇祯七年（1634）任江西分宜教谕，十一年为福建汀州府（治今长汀）推官，十六年为南京亳州（今属安徽）知州。明亡后弃官归里，终老于乡。宋应星的著作和研究领域涉及自然科学及人文科学的不同学科，而其中最杰出的作品《天工开物》被誉为“中国 17 世纪的工艺百科全书”。

宋应星一生致力于对农业和手工业生产的科学考察和研究，在总结农业和手工业经验的过程中，逐步形成了朴素的唯物论和辩证法的思想。而这一思想又指导着他在科学技术的研究中奋力向前，取得了卓越的成就，成为我国乃至世界历史上杰出的学者。

【写作背景】

宋应星的《天工开物》是世界上第一部关于农业和手工业生产的综合性著作，是我国古代一部综合性的科学技术著作。作者在书中强调人类要和自然和谐相处，人力要与自然力相配合。该书是我国科技史料中内容十分丰富的一部，它更多地着眼于手工业，反映了我国明代末年出现资本主义萌芽时期的生产力状况。

瓷器是我国古人的伟大发明。本文选自《天工开物》中卷的《陶埏》，记载了制瓷的 72 道工艺，重点介绍了景德镇生产民用白瓷的技术，生动形象地展示了从原料配制、造坯、过釉到入窑烧结等一系列生产制造过程，反映了我国古代劳动人民的智慧和创造才能，是研究我国古代科技的宝贵资料。

又于韦处乞大邑瓷碗

［唐］杜甫

大邑[1]烧瓷轻且坚，扣如哀玉[2]锦城[3]传。

君家白碗胜霜雪，急送茅斋也可怜[4]。

【注释】

1. 大邑：县名，在成都附近。

2. 哀玉：玉石相撞发出的凄清声。

3. 锦城：指成都，自汉代以来即以织锦著称，又名锦官城。

4. 可怜：可爱。

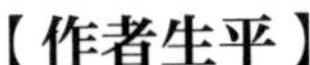

【作者生平】

杜甫（712—770），字子美，自称少陵野老，世称“杜工部”“杜少陵”等。祖籍襄阳（今属湖北），生于巩县（今河南巩义西南），唐代伟大的现实主义诗人。其诗紧密结合时事，思想深厚，境界开阔，有强烈的社会现实意义，深刻地反映了唐王朝由盛而衰的社会现实，被后世称为“诗史”。在诗歌艺术上，他能够吸取和总结前人的成就，融合众长，兼备诸体，形成特有的沉郁顿挫的风格。他忧国忧民，人格高尚，诗艺精湛，被尊为“诗圣”。现存诗 1 400 余首，有《杜工部集》。

【写作背景】

杜甫所处的时代，是唐帝国由盛而衰的一个急剧转变的时代。杜甫经历了开元盛世，也经历了安史之乱。杜甫一生仕途失意，遭遇坎坷，又经历战乱，深刻感受到时代苦难。漂泊四川的数年间，是他创作的高峰期，创作了大量诗歌。我们熟悉的《茅屋为秋风所破歌》《闻官军收河南河北》《秋兴》等都是这个时期优秀的作品。

此首《又于韦处乞大邑瓷碗》写于 760 年，也是杜甫寓居成都时所作。杜甫曾于韦班处索求大邑瓷碗。当诗人收到友人送来瓷碗时，不禁对大邑瓷器的白胜霜雪、声如哀玉赞叹不已，并为此写下了这首诗。从杜甫这首诗里，可知在唐代大邑是烧过白瓷的。大邑白瓷的质量很高，釉色晶莹，胜过霜雪；瓷胎极薄，重量很轻；烧制温度高，质地坚硬；扣之即声如哀玉，十分悦耳。这种名贵瓷器，当时在成都还很不容易见到，所以杜甫赞赏不已。

秘色越器[1]

［唐］陆龟蒙

九秋[2]风露越窑开，夺得千峰翠色[3]来。

好向中宵[4]盛沆瀣（hàng xiè）[5]，共嵇（jī）中散[6]斗遗杯。

【注释】

1. 秘色越器：越窑青瓷。
2. 九秋：秋季 3 个月约 90 天，故云。
3. 千峰翠色：形容越窑青瓷（即秘色瓷）的釉色美。
4. 中宵：半夜。
5. 沆瀣：夜间的水汽、露水。
6. 嵇中散：指嵇康（223—262，或 224—263），三国魏文学家、思想家、音乐家，字叔夜，官中散大夫，好弹琴咏诗。他与山涛、阮籍、阮咸、王戎、向秀、刘伶为友，号“竹林七贤”。

【作者生平】

陆龟蒙（？—约 881），字鲁望，姑苏（今江苏苏州）人。唐代文学家。曾任湖州、苏州刺史幕僚，后隐居松江甫里。与皮日休为好友，互相唱和，同负盛名，并称“皮陆”。皮、陆的小品文，多愤世嫉俗之词，富有现实意义。著有《笠泽丛书》《甫里集》。

【写作背景】

秘色瓷是唐代越窑青瓷的精品，产于浙江余姚上林湖一带的越州。越窑是中国青瓷最重要的发源地和主产区。东汉年间这里完成了陶器的制作，后来又完成了从原始青瓷发展到青瓷的历史过渡。这一带战国时属越国，唐时改为越州，“越窑”因此而得名。越窑青瓷经过不断发展，晚唐、五代时达到鼎盛。越窑成为当时中国的瓷业中心。

这首诗是迄今发现对秘色瓷最早的文献记载。首句中“越窑开”说明秘色瓷的诞生地为越窑。“夺得千峰翠色来”，生动描绘了越窑秘色瓷的青釉色泽。诗人所描述的秘色瓷釉色为“千峰翠色”，这种郁郁葱葱、青莹滋润的色泽，不同凡俗，浑然天成。一个“夺”字，于画龙点睛中传达出工艺之巧，也点出了秘色瓷色釉有巧夺大自然“千峰翠色”的“灵性”特点，笔法传神而形象，让人读之浮想联翩，余韵延绵。诗人用烂漫的笔调热情地赞美了秘色瓷的精美绝伦和劳动人民的智慧，表达了对秘色瓷的喜爱。

二、励志砺学　知行合一

请从下面五组学习任务中至少选择两组并完成。

学习任务一：走近景德风采

景德镇位于江西省东北部，西北与安徽省东至县交界，南与万年县为邻，西同鄱阳县接壤，东北倚安徽省祁门县，东南和婺源县毗连。景德镇及周边地区盛产瓷石、高岭土、釉果等制瓷原料 40 余种，其中高岭土的品质在国际陶瓷界都享有盛名，用它产出的瓷器，曾经代表着中国陶瓷制品的上等品质，闻名世界。因此景德镇也被称为“瓷都”。

景德镇瓷器可谓闻名遐迩，素有“白如玉，明如镜，薄如纸，声如磬”等特点，广受中外爱好者和收藏家追捧。青花瓷、玲珑瓷、粉彩瓷、色釉瓷，合称景德镇四大名瓷。

（一）活动规则

1. 2~3 人一组，分配任务，搜集关于“景德镇四大名瓷”的资料。
2. 组内汇报“景德镇四大名瓷”的特点和工艺过程，一名同学负责记录。
3. 结合小组汇总的搜集到的资料，完成下表，组代表向同学们进行介绍。

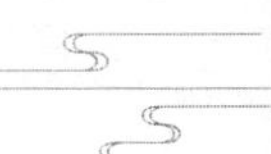

（二）活动内容

请将检索到的信息，归纳至下表。

资料汇总表

名称	创始年代	工艺特征	得名由来	代表作品

学习任务二：重现历史佳作

我国在世界上有“瓷之国”的美誉，早在新石器时代，我们的先祖就已经制作并在生活中广泛应用陶器，并在此基础上，于商周时期创造出了原始瓷器。

青瓷是我国最早出现的瓷器之一，因其表面均施有一层薄薄的青釉而得名。随着生产力的提高，瓷器种类更多了，用途更加广泛，形式和工艺更加多样化。

（一）活动规则

1. 4~6 人为一组，分别从博物馆、美术馆、网络等信息渠道搜集我国历史不同时期瓷器制品的图片，分析其特点，一名同学加以记录。

2. 将搜集到的图片和文字资料加以汇总整理，制作成 PPT 或短视频。

3. 各组选派一名代表，向同学们展示 PPT 或短视频，介绍不同时期瓷器制品的工艺特点、制作年代等知识。

（二）活动内容

将小组成员搜集到的信息，汇总至下表。

资料汇总表

时期	地区	瓷器制品	工艺特点	图片或图片网址

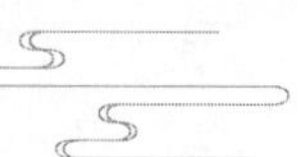

学习任务三：展示精彩创意

瓷器的魅力是无与伦比的，从一块泥巴到精美绝伦的瓷器制品，经过了无比精细、高超的工艺流程。无论哪个年代的哪种瓷器精品，都离不开周详精巧的设计。可以说，设计师是位匠人，也是位艺术家。将瓷器制品在我们生活中的实用性和美的协调性有机融合，并不是一件容易的事。

经过前面的学习，我们已经领略到了很多不同年代、不同用途的瓷器精品，我们能否也试着设计一件属于自己的、独一无二的瓷器制品呢？

（一）活动规则

1. 尝试自己设计一件瓷制工艺品，画出图来。

2. 3~5 人一组，互相展示自己的设计草图，并简要介绍自己的设计理念。

（二）活动内容

我的设计名称：
我的设计绘图：
我的设计理念：

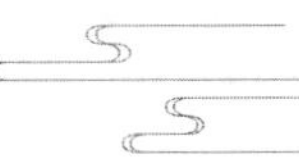

学习任务四：感悟大师精神

教材“谈古论今”中为我们介绍了陶艺大师朱立文。自 1976 年以来，朱立文一直从事汝瓷研制工作。1987 年研制成功的汝官瓷天青釉，使失传数百年的汝官瓷再现于世，并载入《中国技术成果大全》。他是第三批国家级非物质文化遗产项目汝瓷烧制技艺代表性传承人，被誉为“青瓷第一人”。朱立文获得多项荣誉，但他不骄不躁，不忘从业初心，坚守工匠精神。

（一）活动规则

1. 通过信息检索，搜集陶艺大师朱立文的人物经历和主要事迹，简要概括。
2. 思考作为职业院校学生，我们能从陶艺大师朱立文身上学习哪些精神。
3. 用简洁的语句将上述问题归纳概括，和同学们讲一讲。

（二）活动内容

人物经历： 1. ________________________________。 2. ________________________________。 3. ________________________________。 4. ________________________________。 5. ________________________________。 6. ________________________________。 7. ________________________________。 8. ________________________________。 9. ________________________________。 10. ________________________________。
主要事迹： 1. ________________________________。 2. ________________________________。 3. ________________________________。 4. ________________________________。 5. ________________________________。 6. ________________________________。 7. ________________________________。 8. ________________________________。 9. ________________________________。 10. ________________________________。

续表

对我的启迪：

学习任务五：吸纳智慧结晶

我国富有特色的工艺品品类繁多，精彩纷呈。比如景泰蓝，又称“铜胎掐丝珐琅”，因景泰年间（1450—1456）广泛流行，制品又以深青色和浅天蓝色（略带绿）两种釉料最盛行，故得名景泰蓝。景泰蓝工艺繁复、外形精美，屡屡成为外交国礼，被赠给世界各国友人。此外，刺绣、泥塑、木雕等，都是广为流传的特色工艺品，是我国传统手工艺文化的名片。

由于各地区民族的社会环境、地理环境、历史背景、习气风俗、审美观点等差异，各地的手工艺品也具有不同的风格特色，展示了我国手工艺术的特有风采。

（一）活动规则

1. 4~6 人一组，举例说说我国还有哪些劳动人民留下的宝贵的工艺品传承。
2. 通过网络检索，补充这些工艺品的工艺特点和制作流程，完善信息并汇总至表格中。

（二）活动内容

请结合小组成员的发言和检索到的信息，完成下表。

资料汇总表

名称	工艺特点	制作流程	代表人物	代表作品

三、妙笔生辉　墨润心田

请完成以下字帖描红。

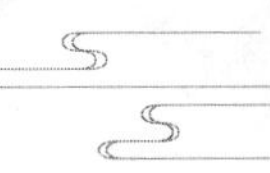

白瓷（节选）

［明］宋应星

凡造杯盘无有定形模式，以两手捧泥盔冒之上，旋盘使转。拇指剪去甲，按定泥底，就大指薄旋而上，即成一杯碗之形（初学者任从作废，破坯取泥再造）。功多业熟，即千万如出一范。凡盔冒上造小杯者，不必加泥；造中盘、大碗则增泥大其冒，使干燥而后受功。凡手指旋成坯后，覆转用盔冒一印，微晒留滋润，又一印，晒成极白干，入水一汶，漉上盔冒，过利刀二次（过刀时手脉微振，烧出即成雀口）。然后补整碎缺，就车上旋转打圈。圈后或画或书字，画后喷水数口，然后过釉。

……………

凡瓷器经画过釉之后，装入匣钵（装时手拿微重，后日烧出即成坳口，不复周正）。钵以粗泥造，其中一泥饼托一器，底空处以沙实之。大器一匣装一个，小器十余共一匣钵。钵佳者装烧十余度，劣者一二次即坏。凡匣钵装器入窑，然后举火。其窑上空十二圆眼，名曰天窗。火以十二时辰为足。先发门火十个时，火力从下攻上，然后天窗掷柴烧两时，火力从上透下。器在火中其软如棉絮，以铁叉取一，以验火候之足。辨认真足，然后绝薪止火。共计一坯工力，过手七十二，方克成器，其中微细节目尚不能尽也。

又于韦处乞大邑瓷碗

［唐］杜甫

大邑烧瓷轻且坚，
扣如哀玉锦城传。
君家白碗胜霜雪，
急送茅斋也可怜。

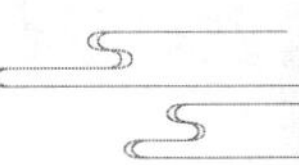

秘色越器

［唐］陆龟蒙

九秋风露越窑开，
夺得千峰翠色来。
好向中宵盛沆瀣，
共嵇中散斗遗杯。

第四课　经纬织霓

一、文润心田　书香同行

扫二维码，听朗诵录音；结合注释、作者生平和写作背景，体会诗文中蕴含的思想感情。

红线毯[1]

［唐］白居易

择茧缫（sāo）丝[2]清水煮，拣丝练线红蓝染。

染为红线红于蓝[3]，织作披香殿[4]上毯。

披香殿广十丈余，红线织成可殿铺[5]。

彩丝茸茸香拂拂[6]，线软花虚不胜物[7]。

美人踏上歌舞来，罗袜绣鞋随步没[8]。

太原毯涩毳（cuì）缕硬，蜀都褥（rù）薄锦花冷。[9]

不如此毯温且柔，年年十月来宣州。

宣城太守加样织[10]，自谓为臣能竭力。

百夫[11]同担进宫中，线厚丝多卷不得[12]。

宣城太守知不知，一丈毯，千两丝[13]。

地不知寒人要暖，少夺人衣作地衣[14]。

【注释】

1. 红线毯：一种丝织地毯。此类红线毯是宣州（今安徽宣城）所管织造户织贡的。

2. 缫丝：将蚕茧抽为丝缕。

3. 红于蓝：染成的丝线，比红蓝花还红。红蓝，即红蓝花，夏季开放红黄色花，可以制胭脂和红色颜料。胡震亨《唐音癸签》卷二十云："此则红花也，本非蓝，以其叶似蓝，因名为红蓝。"

4. 披香殿：汉代宫殿名，这里泛指宫廷歌舞之地。

5. 可殿铺：指毯与宫殿地面大小吻合，恰好能铺满。

6. 彩丝茸茸香拂拂：形容地毯质地柔密，香气飘动。茸茸，形容彩丝纤细柔密。拂拂，飘散的样子。

7. 不胜物：无法承受物体的重量，形容地毯非常柔软。不胜，承受不起。

8. 罗袜绣鞋随步没：描写丝毯松软，能陷没舞女的鞋袜，即所谓“不胜物”。

9. 太原毯涩毳缕硬，蜀都褥薄锦花冷：说太原出产的毛毯涩而硬，成都的锦褥薄而不暖，都不如这种丝毯好。涩，不柔润。毳，鸟兽的细毛。

10. 加样织：用新花样加工精织。加样，翻新花样的意思。

11. 百夫：百人，泛指多人。

12. 线厚丝多卷不得：红线毯又大又厚，没法卷起来。线厚，是说丝毯太厚。卷不得，是说不能卷起。

13. 一丈毯，千两丝：不是实指，虚写所耗费蚕丝之多。

14. 地衣：地毯。

【作者生平】

白居易（772—846），唐代诗人。字乐天，号香山居士。其先太原（今山西太原西南）人，后迁居下邽（今陕西渭南北）。贞元十六年（800）进士，十九年春，授秘书省校书郎。后任翰林学士、左拾遗及左赞善大夫。因上书言事，贬江州司马。长庆间任杭州刺史，宝历初任苏州刺史。晚年先后担任太子宾客、河南尹太子少傅等职，官终刑部尚书。世称白香山。白居易认为“文章合为时而著，歌诗合为事而作”（《与元九书》），他继承和发展了《诗经》和汉乐府的现实主义传统，沿着杜甫所开辟的道路进一步从文学理论上和创作上掀起了一个波澜壮阔的现实主义诗歌的高潮。白居易的诗歌对当时的社会问题进行了较深刻的揭露和批判，达到了“救济人病、裨补时阙”的政治目的，其中，那些价值最高的讽喻诗，和他兼善天下的政治抱负是一致的。

【写作背景】

白居易的诗歌广泛地反映时政弊端和社会矛盾，对人民的疾苦表示极大的同情。中唐时弊政很多，《红线毯》就是白居易对进奉弊政的揭露和讽刺。所谓“进奉”，就是地方官把额外榨取的财物美其名曰“羡余”，拿去讨好皇帝，谋求高官。白居易通过宣州进贡红线毯的事，对宣州太守一类官员讨好皇帝的行为加以讽刺，又着重暴露最高统治者为了自己荒淫享乐，毫不顾惜织工的辛勤劳动而任意浪费人力物力的罪恶。全诗叙事和议论相结合，在具体生动的描绘之后，作者仿佛是指着宣州太守的鼻子提出正义的诘责，给人极其强烈的印象。诗歌语言质朴直率，感情激烈直露，记事直截了当，平易近人，通俗易懂。

浪淘沙

［唐］刘禹锡

zhuó
濯锦江[1]边两岸花，春风吹浪正淘沙。
pǐ
女郎剪下鸳鸯锦[2]，将向中流疋晚霞[3]。

【注释】

1. 濯锦江：又名浣花溪，在今四川省成都市西，古代因洗涤锦缎而得名。
2. 鸳鸯锦：绣有鸳鸯图案的锦缎。
3. 疋晚霞：与晚霞比美。疋，匹敌，相当。

【作者生平】

刘禹锡（772—842），字梦得，洛阳（今属河南）人。唐代诗人，有“诗豪”之称。贞元九年（793）进士，又登博学宏词科。授监察御史，参加永贞革新，致力于革除弊政、维护国家统一。永贞革新失败后被贬为朗州司马，历任连州、夔州、和州刺史。后入朝任太子宾客、秘书监分司东都，世称刘宾客。官终检校礼部尚书。晚年在洛阳，和白居易为诗友，并称“刘白”。刘禹锡一生屡受政治打击和贬谪磨难之苦，后期虽欲在政治上有所作为，但物是人非的现实和日趋激烈的政治斗争，已使他感到事不可为亦不能为。武宗会昌二年（842）秋，病逝于洛阳。其诗沉着稳健，风调自然。

【写作背景】

刘禹锡具有朴素唯物论的思想，政治上也有进步见解。他一生贬官在外20多年，但长期的贬谪并没有改变他的思想。他不少的诗篇抒发了对身世遭遇的愤懑和痛苦，有的诗更直接讽刺了当朝的权贵。刘禹锡继承了屈原向民歌学习的优良传统，他流放巴楚间学习当时民歌，创作了数篇《竹枝词》和《浪淘沙》，记录劳动人民的生活和地方风物。刘禹锡共作《浪淘沙》9首，这是第五首。“浪淘沙”是唐代教坊曲名，后用作词牌。这首诗以明快而又婉转的民歌风调，表现了对劳动者的由衷赞美和热情讴歌，语言质朴浅近，精练准确，很有特色。

sāo
缫丝行[1]

［宋］范成大

小麦青青大麦黄[2]，原头[3]日出天色凉。

妇姑[4]相呼有忙事，舍后煮茧[5]门前香。

cáo
缫车嘈嘈[6]似风雨，茧厚丝长无断缕[7]。

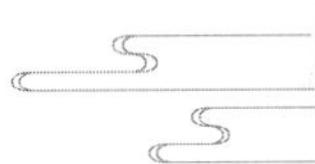

今年那暇织绢著[8]，明日西门[9]卖丝去。

【注释】

1. 缫丝：把蚕茧浸在热水里，抽出蚕丝。行，一种乐府诗体，与“歌”并称，或泛称为“歌行”。

2. 小麦、大麦：秋麦、春麦。二者播种时间不一，成熟时间也不一样。汉代童谣：“小麦青青大麦枯，谁其获者妇与姑。”

3. 原头：原野的地头。

4. 妇姑：媳妇和婆婆。

5. 煮茧：蚕茧成熟，必须及时煮死蚕蛹，否则茧内蚕蛹化蛾，咬破茧而出，就不能缫丝了。

6. 嘈嘈：象声词，形容缫车在急转时发出的声响。

7. 缕：线。这里指蚕丝。

8. 著：穿（衣），指穿绢衣。

9. 西门：指丝市所在地。

【作者生平】

范成大（1126—1193），字致能，号石湖居士，吴郡（今江苏苏州）人。宋高宗绍兴二十四年（1154）进士。孝宗乾道六年（1170），为宋特使赴金国改变接纳金国诏书礼仪和索取河南“陵寝”地，坚强不屈，全节而归。此后他由中书舍人，累官至四川制置使、参知政事。他在任地方官期间，做出一些有利于人民的政绩。晚年隐居苏州石湖。范成大是一个关心国事、勤于政务、同情人民疾苦的士大夫，创作有大量爱国诗篇和关怀人民疾苦的作品。他在后半生，创作了非常有特色的田园诗，洋溢着热爱生活的激情，是宋诗中的优秀篇章。他善写绝句，诗风清丽精致，与陆游、杨万里、尤袤齐名，号称“中兴四大家”。

【写作背景】

范成大怀有报国大志，出使金国时曾写下一系列爱国诗篇，不仅描写了人民的悲惨生活，抒发了他们的真实情感，而且还对南宋统治者昏庸误国予以谴责。尤其令人称道的是他的田园诗，这些诗歌展示了丰富多彩的宋代风土人情，富有浓郁的乡土气息。《缫丝行》是一首乐府诗，自注云：“效王建。”表明是学王建乐府诗的风格。《缫丝行》写姑嫂煮茧、缫丝、卖丝的繁忙劳动景象，描绘出农村妇女快乐劳动的场景，节奏一开始明快、流畅，可最后两句情调急转，将反映农村织妇的辛勤劳动与揭示封建剥削结合起来。“今年”两句是说，缫丝的妇姑在往年还有余丝织成绢，留作己用，可“今年”却不得暇织，急着将丝全部卖出去。其潜台词是：赋税加重，官府催租急，妇姑不得不缫丝卖丝。整首诗前后对照，感情色彩急遽反转，增强了诗歌的艺术感染力。

二、励志砺学　知行合一

请从下面五组学习任务中至少选择两组并完成。

学习任务一：探访丝绸之路中的外交文化

丝绸之路是始于古代中国，连接亚洲、欧洲和北非的古代商业贸易路线，最初的作用是运输古代中国出产的丝绸、瓷器等商品，后来成为东方与西方之间在经济、政治、文化等诸多方面进行交流的主要道路。我国在2013年提出建设“新丝绸之路经济带”和“21世纪海上丝绸之路”（“一带一路”）的合作倡议，旨在借用古代丝绸之路的历史符号，高举和平发展的旗帜，积极发展与沿线国家的经济合作伙伴关系，共同打造政治互信、经济融合、文化包容的利益共同体、责任共同体、命运共同体。可以说，丝绸之路自古以来就为中西方的往来交流起到重要作用。

在我国古代，很长一段时间将外交称为“外事”，外事活动的历史很悠久，除了古代中国，世界的其他地方均有一国君主派出使节与其他国家交往的记载。但由于古代交通和通信不便，外交也往往受到许多限制。

（一）活动规则

1. 以小组为单位搜集资料，谈谈丝绸之路对古代中西外交的作用。

2. 试着归纳古代历史上还有哪些围绕丝绸之路发生的著名外交事件，整理在表格中，并给同学们讲一讲。

（二）活动内容

1. 丝绸之路对古代中西外交的作用有：____

____

____。

2.

丝绸之路中发生的著名外交事件

时间	主要人物	外交事件

续表

时间	主要人物	外交事件

学习任务二：探究丝织工序中的技艺要领

在我国五千多年的历史长河中，有许多璀璨的工艺，它们是历史和文化的载体。丝织品是我国对世界文化的重要贡献，它的种类繁多，各个工序的织造技术各不相同。丝织工艺作为传统工艺的精华，挑经显纬，极具欣赏性，这样举世惊艳的工艺成就离不开各个工序中技术精湛的手工艺人。

（一）活动规则

1. 仔细阅读教材“源远流长”中介绍的丝织工序，圈出各道工序的动词，简述各步骤的要领。

2. 4~6 人为一组，进行讨论，完成表格。

3. 每组选举一名代表进行分享。

（二）活动内容

丝织工序汇总表

工序名称	主要动词	步骤要领
养蚕		
缫丝		
丝织		
漂练		
印染		

学习任务三：感悟《诗经》中的蚕桑文化

《诗经》是我国最早的诗歌总集。《诗经》收录了自西周初期至春秋中叶大约 500 年间的诗歌 305 篇，分为“风”“雅”“颂”三大类。《风》是周南、召南、卫、郑、齐、魏等 15 个诸侯国的土风歌谣。《雅》是正声雅乐，又分《大雅》和《小雅》。《颂》是统治阶级宗庙祭祀的乐歌，又分《周颂》《鲁颂》《商颂》。

《诗经》中的作品很多都反映了当时的历史、政治和社会风貌，记录了当时劳动人民的社会生活、风俗习惯等。其中，也有很多与蚕桑、丝织有关的诗歌，让我们一起来学习吧！

（一）活动规则

1. 收集《诗经》中与蚕桑、丝织有关的诗句，并了解诗句的出处、写作背景。

2. 记录作品的名称并将诗句抄写、朗读。

3. 将你印象最深刻的诗句介绍给同学们（包括诗句的写作背景、艺术特色等，可制作PPT进行介绍）。

4. 根据同学们分享内容的数量及质量评分，选出一、二、三名，给予奖励。

（二）活动内容

1.《________》____。

2.《________》____。

3.《________》____。

4.《________》____。

5.《________》____。

学习任务四：领略丝织品多样化的特色

我国是最早饲养家蚕和缫丝织绸的国家，四川蜀锦、苏州宋锦、南京云锦是丝织品中的杰出代表，被称为“三大名锦”，在世界享有盛誉。丝织品的制造与发展在服饰上、经济上、艺术上及文化上的贡献举世瞩目，代表了我们中国悠久文明的一面。丝织品根据组织结构、原料、加工工艺、质地、外观和用途，大致分为14类。

（一）活动规则

1. 4~6人为一组，各小组制订活动计划，做好人员分工，安排活动进度。

2. 查阅资料，了解我国14类丝织品的名称和工艺特点，在此基础上能列举各品类的代表作品，并附上相关图片。

3. 组内每位同学至少完成2~3个品类的信息搜集，每位同学在与他人分享的同时，做好记录，归纳到表格中。

（二）活动内容

请将检索到的信息，归纳至下表。

信息汇总表

品类名称	工艺特点	代表作品	图样

续表

品类名称	工艺特点	代表作品	图样

学习任务五：弘扬丝织上品中的工匠精神

远在新石器时代，我们的祖先就发明了丝织技术。以蚕丝为原料的丝织品起源于我国，也是我国古代的著名工艺品。汉唐时期，我国的丝织品生产技术进入了稳定发展的时期，纹饰也达到高度的艺术水平，我国的丝织品通过丝绸之路（包括陆上丝绸之路和海上丝绸之路）远销世界各国，受到广泛的赞誉。

新中国成立以后，我国丝织技术迅猛发展，较完整的丝织业体系得以建成，丝织产品面向全世界 100 多个国家和地区销售。我国的丝织工艺正走向光明的未来。

（一）活动规则

1. 参观线上博物馆，以小组为单位搜集我国著名丝织品的图片，谈谈它们的特点。

2. 分析这些丝织品中蕴含了古代劳动者的什么精神，我们在学习生活中应如何汲取这种精神。

3. 将你的想法写一写，读一读，以“丝织上品中的工匠精神”为主题在班级内宣讲。

（二）活动内容

丝织上品中的工匠精神

____

____

____

____

三、妙笔生辉　墨润心田

请完成以下字帖描红。

红线毯

［唐］白居易

择茧缫丝清水煮，
拣丝练线红蓝染。
染为红线红于蓝，
织作披香殿上毯。
披香殿广十丈余，
红线织成可殿铺。
彩丝茸茸香拂拂，
线软花虚不胜物。
美人踏上歌舞来，
罗袜绣鞋随步没。
太原毯涩毳缕硬，
蜀都褥薄锦花冷。
不如此毯温且柔，

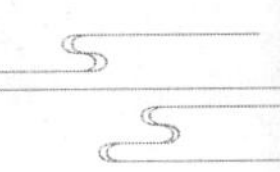

年年十月来宣州。
宣城太守加样织，
自谓为臣能竭力。
百夫同担进宫中，
线厚丝多卷不得。
宣城太守知不知，
一丈毯，千两丝。
地不知寒人要暖，
少夺人衣作地衣。

浪淘沙

［唐］刘禹锡

濯锦江边两岸花，
春风吹浪正淘沙。
女郎剪下鸳鸯锦，
将向中流疋晚霞。

缲丝行

［宋］范成大

小麦青青大麦黄，
原头日出天色凉。
妇姑相呼有忙事，
舍后煮茧门前香。
缲车嘈嘈似风雨，
茧厚丝长无断缕。
今年那暇织绢著，
明日西门卖丝去。

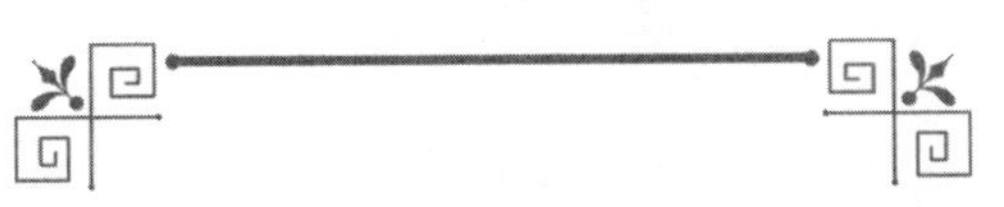

处世之道

第五课　正心诚意

一、文润心田　书香同行

扫二维码，听朗诵录音；结合注释、作者生平和写作背景，体会诗文中蕴含的思想感情。

古之欲明[1]明德[2]于天下[3]者，先治其国[4]；欲治其国者，先齐其家[5]；欲齐其家者，先修其身[6]；欲修其身者，先正其心[7]；欲正其心者，先诚其意。

——节选自《大学·第一章》

【注释】

1. 明：动词，使显明。

2. 明德：光明正大的德行。儒家认为，人生来具有善良的德性，即明德。后天因为受到物质利益的蒙蔽，个人褊狭气量的拘束，明德受到压抑，所以要经过教育，使明德显露出来。

3. 天下：全国。

4. 国：周朝实行分封制，最高统治者天子将部分土地连同百姓分封给其兄弟、亲属及功臣，叫他们世代统治，被封者称为诸侯，诸侯的封地叫作国。

5. 齐其家：使家族齐心协力，和睦相处。齐，有整顿、治理和管理之意。家，家族。

6. 修其身：涵养自身的品性。

7. 正其心：端正自己的心思。

【作者生平】

《大学》原是中国古代儒家经典《礼记》中的一篇，约为秦汉之际儒家作品。宋代程颢、程颐特别重视《大学》，曾分别将它从《礼记》中抽出来加以改编，使之独立成篇。朱熹在二程改编的基础上继续加工，分为“经”“传”，作成章句，通过注释阐发己意，并将它和《论语》《孟子》《中庸》合编为“四书”，在封建社会后期影响极大。

【写作背景】

《大学》依据孔子“仁”的思想，以“德治”作为指导，阐明了儒家“修己以安人”的圣王之道。所谓圣王之道，可以分为两大部分：一是属于“内圣”范围的“修己”功夫，二是属于“外王”范围的“安人”事业。对此，《大学》提出“明明德、亲民、止于至善”的“三纲领”和“格物、致知、诚意、正心、修身、齐家、治国、平天下”的“八条目”。其中“三纲领”是中国古代教育的总纲领，“八条目”是它的具体措施、步骤和主要内容，而其中的“修身”则是它的中心任务。

《大学》既是儒家思想体系的最高纲领，又是每个人立身处世、进德修业的指南。《大学》体现了我国古代教育的路线和方针，我国古代教育是以品德教育为核心的德才并重的教育，旨在培养合格的修身、齐家、治国、平天下的栋梁之材。《大学》深深融入中国的传统思想文化之中，影响着一代又一代的中国人，它对于我们今天提高个人素质、实现人生理想仍有重要的借鉴意义。

所谓诚其意[1]者，毋(wú)[2]自欺也。如恶恶臭(wù è xiù)[3]，如好好色(hào hǎo)[4]，此之谓自谦(qiè)[5]。故君子必慎其独[6]也。小人闲居[7]为不善，无所不至，见君子而后厌(yǎ)然[8]，掩[9]其不善，而著[10]其善。人之视己，如见其肺肝然，则何益矣。此谓诚于中[11]，形于外，故君子必慎其独也。曾子曰：“十目所视，十手所指，其严乎！”富润屋[12]，德润身[13]，心广体胖(pán)[14]。故君子必诚其意。

——节选自《大学·第七章》

【注释】

1. 诚其意：使意念真诚。诚，使真诚。意，意念。

2. 毋：不要。

3. 恶恶臭：前一个“恶”字用作动词，厌恶，讨厌；后一个“恶”字是形容词，不好。恶臭，难闻的气味。臭，气味。

4. 好好色：前一个“好”字用作动词，喜爱；后一个“好”字是形容词，美好。好色，美丽的容貌。

5. 自谦：自求快意的满足。谦，同“慊”，满足，满意。

6. 慎其独：在独自一人的时候要谨慎。慎，谨慎，一丝不苟。独，指一人独处的时候。

7. 闲居：独处。

8. 厌然：躲藏、掩饰的神态。

9. 掩：遮掩，掩盖。

10. 著：显示。

11. 中：内心。

12. 润屋：装饰房屋。

13. 润身：修养自身。

14. 心广体胖：心胸宽广，身体安适舒泰。胖，舒展，安舒。

【作者生平】

略。

【写作背景】

略。

所谓修身在正其心者，身有所忿懥(fèn zhì)[1]，则不得其正；有所恐惧，则不得其正；有所好乐，则不得其正；有所忧患，则不得其正。心不在焉，视而不见，听而不闻，食而不知其味。此谓修身在正其心。

——节选自《大学·第八章》

【注释】

1. 忿懥：愤怒。

【作者生平】

略。

【写作背景】

略。

将一门技术掌握到炉火纯青绝非易事，但工匠精神的内涵远不限于此。有人说，“没有一流的心性，就没有一流的技术”。的确，倘若没有发自肺腑、专心如一的热爱，怎有废寝忘食、尽心竭力的付出？没有臻于至善、超今冠古的追求，怎有出类拔萃、巧夺天工的卓越？没有冰心一片、物我两忘的境界，怎有雷打不动、脚踏实地的淡定？工匠精神中所深藏的，有格物致知、正心诚意的生命哲学，也有技进乎道、超然达观的人生信念。从赞叹工匠继而推崇工匠精神，见证社会对浮躁风气、短视心态的自我疗治，对美好器物、超凡品质的主动探寻。我们不必人人成为工匠，却可以人人成为工匠精神的践行者。

——节选自《以工匠精神雕琢时代品质》

【注释】

略。

【作者生平】

略。

【写作背景】

略。

二、励志砺学　知行合一

请从下面五组学习任务中至少选择两组并完成。

学习任务一：品悟传统文化念传承

同学们，你们知道上面这个图代表什么意思吗？这是中华老字号的标志。老字号通常历史悠久，广为人知，北京的“全聚德”、天津的“狗不理”……这些人们耳熟能详的品牌是几代人精益求精打造出的商业传奇，往往成为所在城市的文化名片。

如今，传统老字号分布在餐饮、零售、食品、医药、服务等众多行业。除了我们教材“博观约取”中讲到的同仁堂，还有很多不同行业的老字号，因诚信经营、用心服务而取得社会的广泛认同，为振兴经济、弘扬优秀传统文化起到重要的作用。

（一）活动规则

1. 4~6 人一组，各自谈谈你所知道的中华老字号，说说它们的经营理念分别是什么。

2. 组内分派任务，通过网络搜集著名的老字号的资料，完成下面表格的填写。

3. 结合表格，各组选派代表，谈谈这些老字号屹立不倒的原因有哪些（提示：经营理念方面）。

（二）活动内容

将搜集到的信息填入表格（表格可自行加行）。

信息汇总表

老字号	创立时间	创建地区	创始人	主营产品 / 服务	经营理念
同仁堂	1669 年（清康熙八年）	北京市	乐显扬	中草药材	炮制虽繁必不敢省人工，品味虽贵必不敢减物力
张一元					
瑞蚨祥					
全聚德					
同升和					

续表

老字号	创立时间	创建地区	创始人	主营产品 / 服务	经营理念

学习任务二：瞻仰历史人物寄精神

“正心诚意”出自《大学》：“欲正其心者，先诚其意。”告诉我们要保持内心的端正，为人诚恳，不存邪念。如教材中讲到的太极宗师杨露禅，正是因为抛却了功利心，戒骄戒躁，专心向学，同时注重个人品德、心性的修炼，才最终战胜了自己，成为一代宗师。我们做任何一件事想要取得成功，必须驱逐内心种种杂念，达到心诚意正的状态，方能专心致志，不受干扰。古人注重正心诚意，今天的我们想要在学习和未来走上职场后取得成就，同样需要做到正心诚意。你还知道哪些做到正心诚意的历史人物及他们的典故呢？

（一）活动规则

1. 3~5 人一组，轮流讲讲你所知道的做到正心诚意的历史人物及他们的典故，说说心正意诚的品质带给故事主人公哪些收获。

2. 每组推选一名同学上台分享。

3. 同学们认真听发言同学的观点，适时补充、点评。

（二）活动内容

请在听同学们讲故事的同时，做好记录。

1. 印象最深刻的故事是：

2. 故事主人公：

3. 故事梗概：

4. 我的感悟：

学习任务三：讲述身边榜样树新风

相传孔子到楚国去，经过树林中，看见一位驼背老人用竹竿粘蝉，就像用手拾取那样容易。孔子说："你真灵巧啊，这里有什么门道吗？"驼背老人回答说："是的，我有门道。我在竹竿上累放两个弹丸，经过五六个月的练习就不会掉下来，那么粘蝉失手的次数就很少了；如果练到累放3个弹丸也掉不下来，那么粘蝉失误的概率也就很小了；如果再继续练习到累放5个弹丸也掉不下来，那么粘蝉就如拾取那样容易了。当我粘蝉时，身体站在那里一动不动，就像一个竖立的木桩；我伸臂执竿，如同枯槁的树枝。虽然天地无限广大，万物纷纭繁多，而我眼中、心中只有蝉翼。我身心不变不动，不因纷杂的万物改变我对蝉翼的关注，为什么得不到蝉呢！"孔子回头对弟子们说："用心不分散，精神凝聚专一，不就是说的这位驼背老人嘛！"

在我们生活中，无论是谁，哪怕做再微小的事，只要做到心无杂念、心正意诚，就能在各自的领域取得成功。现代社会中各行各业都有很多因为心正意诚而取得成功并赢得人们尊重的人才，他们有的就在我们身边。

（一）活动规则

1. 4人一组，讲讲身边因心正意诚的品格而赢得人们尊重的人，简要概括他们的事迹。

2. 各组指定一名学生负责记录，并选派代表发言，说说我们应如何向身边的榜样学习。

（二）活动内容

请将组内同学们讲述的身边人物及其事迹的关键要素，归纳到下表。

信息汇总表

时间	地点	人物	事迹	我的感悟

学习任务四：观看经典影片话感悟

正心诚意是儒家大力推崇的一种道德修养方法，宋代理学家程颐说，进修之术，"莫先于正心诚意"。朱熹也赞之为"万世学者之准程"。个人注重提升道德修养，方能在社会立足，实现个人价值。正心诚意是达到至善道德境界的必由之路，今天仍旧是我们需要大力弘扬的，影视作品中也不乏这样的主题和经典故事。

通过观看影视作品开展学习，寓教于乐，由浅入深，能够起到良好的效果。当然，选择一部优秀的影视作品作为学习载体也是很重要的。

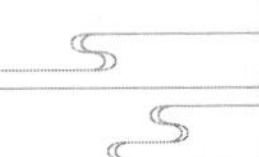

（一）活动规则

1. 每个同学在班级群推荐自己所知道的以正心诚意为主题的电影，大家评选出推荐率最高的 2~3 部。

2. 利用早读、班会或课余时间，观看电影，之后写一篇 500 字的观后感。

3. 大声朗读你的读后感，全体师生共同研读、分析、点评，选出最佳的 5 篇给予奖励。

（二）活动内容

在写观后感时，字数不是最重要的，要着重写出感悟。

学习任务五：畅谈优秀品格助力人生

企业经营领域有这样一个案例：有客户向某洗衣机生产公司反映他们的冰箱存在质量问题，该公司及时解决了客户的问题，之后对冰箱进行了检查，发现库存中有一批不影响正常使用但存在缺陷的产品。时任厂长决定将这些冰箱当众砸毁，并提出“有缺陷的产品，就是不合格产品”的观点，在社会上引起了广泛热议。

作为企业经营者，这位厂长的做法帮助员工树立了注重品牌和质量的观念，这种诚信经营的理念为公司赢得了广大消费者的信任和赞誉。无论是大型企业还是私营商户，无论是企业的决策者、管理者还是小商小贩，正心诚意，用心对待客户，才会得到市场的认可，实现成功。

（一）活动规则

1. 阅读案例，3~4 人一组，讨论应如何评价案例中的洗衣机生产公司在应对存在缺陷的产品时的处理方法，以及为什么这样评价。

2. 结合案例，谈谈正心诚意对我们未来走上工作岗位有哪些帮助。

3. 各组指定一名同学负责将组员发言汇总记录，归纳出本组结论。小组内评选出最佳发言同学，代表小组向全班同学介绍自己的观点。

（二）活动内容

请将组内同学发言的要点，记录如下。

组员 1：

组员 2：

组员 3：

组员 4：

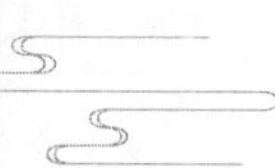

结论：

最佳发言：

三、妙笔生辉　墨润心田

请完成以下字帖描红。

古之欲明明德于天下者，先治其国；欲治其国者，先齐其家；欲齐其家者，先修其身；欲修其身者，先正其心；欲正其心者，先诚其意。

——节选自《大学·第一章》

所谓诚其意者，毋自欺也。如恶恶臭，如好好色，此之谓自谦。故君子必慎其独也。小人闲居为不善，无所不至，见君子而后厌然，掩其不善，而著其善。人之视己，如见其肺肝然，则何益矣。此谓诚于中，形于外，故君子必慎其独也。曾子曰："十目所视，十手所指，其严乎！"

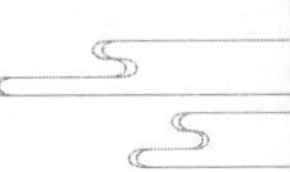

富润屋，德润身，心广体胖。故君子必诚其意。

——节选自《大学·第七章》

所谓修身在正其心者，身有所忿懥，则不得其正；有所恐惧，则不得其正；有所好乐，则不得其正；有所忧患，则不得其正。心不在焉，视而不见，听而不闻，食而不知其味。此谓修身在正其心。

——节选自《大学·第八章》

将一门技术掌握到炉火纯青绝非易事，但工匠精神的内涵远不限于此。有人说，“没有一流的心性，就没有一流的技术”。的确，倘若没有发自肺腑、专心如一的热爱，怎有废寝忘食、尽心竭力的付出？没有臻于至善、超今冠古的追求，怎有出类拔萃、巧夺天工的卓越？没有冰心一片、物我两忘的境界，怎有雷打不动、脚踏实地的淡定？工匠精神中所深藏的，有格物致知、正心诚意的生命哲学，也有技进乎道、超然达观的人生信念。从赞叹工匠继而推崇工匠精神，见证社会对浮躁风气、短视心态的自我疗治，对美好器物、超凡品质的主动探寻。我们不必人人成为工匠，却可以人人成为工匠精神的践行者。

——节选自《以工匠精神雕琢时代品质》

第六课　淡泊宁静

一、文润心田　书香同行

扫二维码，听朗诵录音；结合注释、作者生平和写作背景，体会诗文中蕴含的思想感情。

士君子之所能不能为[1]：君子能为可贵[2]，不能使人必贵己[3]；能为可信[4]，不能使人必信己[5]；能为可用[6]，不能使人必用己[7]。故君子耻不修[8]，不耻见污[9]；耻不信，不耻不见信[10]；耻不能，不耻不见用。是以不诱于誉[11]，不恐于诽，率道[12]而行，端然[13]正己，不为物[14]倾侧[15]，夫是之谓诚君子。《诗》云："温温恭人，维德之基[16]。"此之谓也。

——节选自《荀子·非十二子》

【注释】

1. 能不能为：能做和不能做的。
2. 贵：被人尊重。
3. 贵己：尊重自己。
4. 信：被人信任，讲信用。
5. 不能使人必信己：不能让人们必定信任自己。
6. 可用：可用于世。用，被人任用。
7. 必用己：一定重用自己。
8. 耻不修：以品德不好为耻辱。耻，以……为耻辱。修，善，好。
9. 见污：被污蔑。见，被。
10. 见信：被信任。
11. 诱于誉：被荣誉浮名诱惑。于，被。
12. 率道：遵循正道。率，遵循，沿着。
13. 端然：庄重严肃的样子。
14. 物：外界事物。
15. 倾侧：倾斜，这里指动摇。

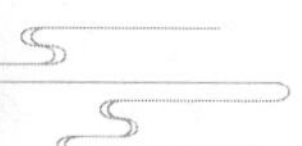

16. 温温恭人，维德之基：宽厚、和气、恭敬地对待别人，是维系道德的基础。温温，宽厚、柔和的样子。

【作者生平】

荀子（约前313—前238），名况，时人尊而号为“卿”，战国末期赵国人。著名思想家、教育家。荀子游历过齐、秦、楚等国，在齐国曾三次任稷下学宫的最高学官“祭酒”。在楚国，春申君举荐他为兰陵（治今山东兰陵县兰陵镇）令。李斯和韩非都是他的学生。荀子否定天命，强调人为，强调后天的教育改造，具有较多的唯物主义因素。荀子对儒家思想有所发展，提倡性恶论，其学说常被后人拿来跟孟子的“性善说”比较。著有《荀子》。《荀子》文章说理绵密，结构严整，笔力浑厚。

【写作背景】

《荀子·非十二子》是一篇考量春秋战国诸子得失的文章，是我们研究先秦诸子学说思想的一篇重要文献。主要评述了道、墨、名、法及儒家各流派的思想学说，依据“礼”的标准，对它嚣、魏牟、墨翟、慎到、惠施等十二人的思想进行了尖锐的批判和否定，而推尊以礼义为宗旨的孔子、子弓的学说，反映了荀子的思想特点。

教材节选的这部分通过对比，歌颂了士君子的美德。士君子是严格要求自己的人，但不是对别人苛求的人，更不是只看中结果的人。君子所追求的是不断地完善自我，但君子也一定明白：努力不一定会有结果。所以，君子更是能够坦然面对失意的人。即使在今天的社会中，荀子所赞颂的君子的这种坦然品格仍然是那么可贵！

夫君子之行，静[1]以修身，俭以养德。非淡泊[2]无以[3]明志[4]，非宁静无以致远[5]。夫学须静也，才须学也，非学无以广[6]才，非志无以成学。慆慢[7]则不能励精[8]，险躁[9]则不能治性[10]。年与时驰[11]，意与日去[12]，遂成枯落[13]，多不接世[14]，悲守穷庐[15]，将复何及[16]！

——节选自诸葛亮《诫子书》

【注释】

1. 静：屏除杂念和干扰，宁静专一。
2. 淡泊：内心恬淡，不慕名利。
3. 无以：没有什么可以拿来，没办法。以，介词，引出动作行为的目的。
4. 明志：明确志向。明，明确、坚定。
5. 致远：达到远大目标。致，达到。
6. 广：增长。
7. 慆慢：放纵懈怠。

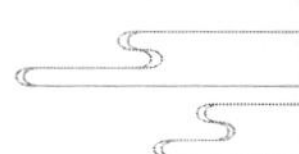

8. 励精：振奋精神。励，振奋。

9. 险躁：轻薄浮躁。险，轻薄。

10. 治性：修养性情。

11. 年与时驰：年纪随同时光而急速逝去。驰，疾行，指迅速逝去。

12. 意与日去：意志随同岁月而消失。

13. 枯落：凋落，衰残。比喻人年老志衰，没有用处。

14. 多不接世：大多对社会没有任何贡献。

15. 穷庐：穷困潦倒之人住的陋室。

16. 将复何及：又怎么来得及。

【作者生平】

诸葛亮（181—234），字孔明，人称卧龙，琅邪阳都（今山东沂南南）人，三国蜀汉政治家、军事家。刘备在成都建立蜀汉政权，诸葛亮被任命为丞相。后主刘禅继位，诸葛亮被封为武乡侯，领益州牧，主持朝政。

诸葛亮勤勉谨慎，大小政事必亲自处理。他励精图治，赏罚严明，抑制豪强，任人唯贤；与东吴联盟，改善和西南各族的关系；实行屯田政策，务农积谷，加强战备。前后5次北伐中原，企图消灭曹魏，恢复汉室，终因实力悬殊，屡次失败。后与魏司马懿在渭南相抗，病死于五丈原军中。谥忠武侯。诸葛亮为匡扶蜀汉政权，呕心沥血，鞠躬尽瘁，死而后已。诸葛亮在后世受到极大尊崇，成为后世忠臣楷模，智慧化身。

【写作背景】

古人往往在家书中寄语子女弟侄，予以教诲与劝勉，这是中国古代家庭教育的一种方式。《诫子书》是诸葛亮晚年写给他儿子诸葛瞻的一封家书，劝勉儿子勤学立志，告诫儿子：修身养性要从淡泊宁静中下功夫，最忌怠惰险躁。文章既讲明修身养性的途径和方法，也指明了立志与学习的关系。全文通过深沉理性、简练谨严的文字，将普天下为人父者的爱子之情表达得非常深切，成为后世历代学子修身立志的名篇。

字谕(yù)[1]汝舟[2]儿：……尔年才二十八，已成进士，授职编修[3]，是为侥幸成名，切不可自满。宜守三戒：一戒傲慢，二戒奢华，三戒浮躁。尔既奉母弟居京华，务宜体吾寸心[4]，常持勤敬与和睦。凡家庭间能守得几分勤敬，未有不兴；能守得几分和睦，未有不发。若不勤不和之家，未有不败者也。尔昔在侯官[5]，将此四字于族或人家验之，必以吾言为有证也。尔性懒，书案上诗文乱堆，不好收拾洁净，此是败家气象，嗣后务宜痛改，细心收拾，即一纸一缕，皆宜捡拾伶俐，以为弟辈之榜样。……尔能勤，二弟皆学勤；尔能和，二弟皆学和；尔能孝，二弟皆学孝。尔为一家之表率，慎之慎之！

——节选自《林则徐家书》

【注释】

1. 谕：告诉，吩咐（用于上级对下级或长辈对晚辈）。

2. 汝舟：林则徐长子林汝舟。

3. 编修：官名。翰林院官员。多以殿试一甲第二、三名及庶吉士之留馆者充任，无定员，掌纂修、著述等事。

4. 寸心：内心。

5. 侯官：地名，今福建福州。

【作者生平】

林则徐（1785—1850），清末政治家。字元抚，福建侯官（今福州）人。嘉庆九年（1804）中举，十六年（1811）中进士，选庶吉士。曾与龚自珍、魏源、黄爵滋等人提倡经世之学。道光十八年（1838）在湖广总督任内，严厉禁烟，成效卓著。12 月受命为钦差大臣，前往广东查禁鸦片。次年 3 月抵广州，与两广总督邓廷桢协力查办烟贩，严令英、美烟贩缴出鸦片 237 万多斤，在虎门海滩当众销毁；积极筹备海防，屡次打退英军挑衅。1840 年 1 月任两广总督。6 月鸦片战争爆发后，严密设防，使英军在粤无法得逞。林则徐是抵抗西方侵略的爱国政治家。史学界称之为近代中国“开眼看世界的第一人”。

【写作背景】

林则徐长年宦游在外，与家人聚少离多，因此留下十万余字的家书。这些家书内容广博，涉及政事、军务、家教等方面。林则徐共有 3 个儿子和 4 个女儿，他对子女要求极为严格，注重家教传承。在这封家书中，林则徐告诫长子汝舟要勤敬和睦，忌傲慢、奢华、浮躁，成为兄弟子侄的榜样。林则徐一生，为官有道，教子有方，堪称一代人臣典范。

二、励志砺学　知行合一

请从下面五组学习任务中至少选择两组并完成。

学习任务一：读史不辍　立德树人

教材的“博观约取”中为我们介绍了梓庆和孙思邈的故事。作为能工巧匠的梓庆，他回答鲁侯的话寥寥数语，却已展现了一个专业匠人静心做事的过程。梓庆为𫓧，就一定要忘乎一切，全身心地进入到创造的世界。这其实是一个艺术创造的过程，体现了一个艺术家专注于艺术创作的淡泊宁静的心境。孙思邈一生悬壶济世，在名利面前不为所动，一心一意坚守在平凡的岗位上，用一颗医者仁心造福世间大众，得到了人们的敬仰。做任何事

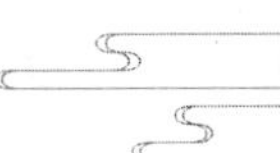

情，若怀着杂念和私心，往往为利害所扰，心神自然受到干扰和束缚。唯有淡泊专注，方能在自己的领域取得成功。

（一）活动规则

1. 结合本课所学，再次阅读“博观约取”中梓庆和孙思邈的故事，深入分析两人有哪些共同点值得我们在专业学习和未来的人生中效仿。将他们的共同点，填入下面的横线中。

2. 2~3 人一组展开讨论，说说梓庆和孙思邈的故事带给我们怎样的启发，在未来的学习和人生中，我们应如何做。

3. 将讨论结论概括成表述完整清晰的语段，写一写，念给同学们听一听。

（二）活动内容

1. 我认为梓庆和孙思邈的共同点是：____。

2. 通过阅读梓庆和孙思邈的故事，我学习到了________________________________，在未来的学习和生活中，我将____。

学习任务二：琅琅书声　立身立学

“户庭无尘杂，虚室有余闲。久在樊笼里，复得返自然。”“怀良辰以孤往，或植杖而耘耔。登东皋以舒啸，临清流而赋诗。”这些都是东晋田园诗人陶渊明的诗文。陶渊明是我国杰出的诗人、散文家。他的作品，创造了一个远离纷繁世间污浊和烦恼的难得的世外桃源，反映了恬淡自然的田园风情。诗人热爱田园风光、农耕生活，淡泊名利，被称为“古今隐逸诗人之宗”。正是因为具备这样的心态，他才能安于日出而作、日落而息的农家生活，并为后世留下无数名篇佳作。

（一）活动规则

1. 独立搜索以劝勉人们“淡泊宁静”为主题思想的古诗文作品，抄写下来，借助工具书将其翻译成白话文。

2. 声音洪亮地朗读抄写下来的古诗文，并试着讲讲它的创作背景和作者生平。

3. 选择一首你抄写的古诗文，向同学介绍一下。

（二）活动内容

1.　　**归园田居（其一）**

陶渊明

少无适俗韵，性本爱丘山。

译文：____。

误落尘网中，一去三十年。

译文：____。

羁鸟恋旧林，池鱼思故渊。

译文：____。

开荒南野际，守拙归园田。

译文：____。

方宅十余亩，草屋八九间。

译文：____。

榆柳荫后檐，桃李罗堂前。

译文：____。

暧暧远人村，依依墟里烟。

译文：____。

狗吠深巷中，鸡鸣桑树颠。

译文：____。

户庭无尘杂，虚室有余闲。

译文：____。

久在樊笼里，复得返自然。

译文：____。

2.

译文：____。

3.

译文：____。

学习任务三：执笔演绎　淡泊人生

淡泊以明志，宁静以致远。人只有保持淡泊心态，才能甘于平凡、耐住寂寞，专心于自己的奋斗目标，在人生的道路上走得更远。拥有一颗淡泊宁静的心，能使我们在通向成功的路上抛开杂念，专心致志地向着人生目标而努力；在取得成功之后，继续保持谦虚求教的心态，通往更高的目标；在身处低谷的时候，不会迷失方向。

淡泊宁静是一种修养，也是一种心态，更是人生大智。在这个充满诱惑的世界，淡泊宁静从来不是一件随随便便就能做到的事，做个淡泊宁静的人，是很多人的理想和期望，也是需要终生追求的一个目标。

（一）活动规则

1. 4~6 人一组，以“做个淡泊宁静的人”为主题，出一期手抄报，要求主题明确，内容积极向上，图文并茂。

2. 在教室内设置班级展示区，将各组的手抄报进行展示，同学们评选出最佳作品。

3. 将评选出的最佳手抄报制作成一期教室板报。

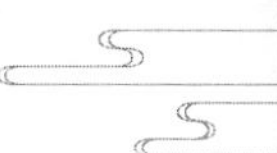

（二）活动内容

小组组员认真讨论，选派一名同学执笔，将手抄报拟稿完成在下面空白处。

学习任务四：志愿服务　奋勇争先

在我们的城市有这样一群人，他们不计名利得失，甘于奉献，无偿地为城市发展和市民生活贡献着自己的一份力，他们，就是志愿者。根据我国的实际情况来定义志愿者，他们是“在自身条件许可的情况下，参加相关团体，在不谋求任何物质、金钱及相关利益回报的前提下，在非本职职责范围内，合理运用社会现有的资源，服务于社会公益事业，为帮助有一定需要的人士，开展力所能及的、切合实际的，具有一定专业性、技能性、长期性的服务活动的人”。

面对来势汹汹的新冠肺炎疫情，各地志愿者义不容辞，纷纷挺身而出，有的义务为隔离区的市民送菜买米，有的在寒风中值守在各自的岗位上为市民测量体温，有的组成车队奔驰在运送物资的路上……生活中，处处有志愿者。在城市的马路上，他们扶老携幼，疏导交通。他们走进小区、巷道、街头，向市民发放垃圾分类手册，指导市民将垃圾分类投放。哪里有需要，哪里就有他们的身影。

志愿者是城市文明和城市活力的体现，正是因为他们有一颗淡泊宁静的心，才能无私无畏地传递着爱与暖，散发着光与热……

（一）活动规则

1. 2~3 人一组，利用课余时间自愿选择并参与一项城市志愿服务活动，建议 2~3 天完成。

2. 制作志愿服务活动日志，将每天活动的内容、体会记录下来，并将志愿服务活动中有意义的见闻及服务活动的过程拍摄下来。

3. 志愿服务活动结束后，召开主题班会，同学们一起谈谈活动中的收获与感悟，展示活动中的照片，讲讲照片背后的故事。

（二）活动内容

社会上有很多淡泊宁静的人不求回报地做着志愿服务，为城市建设贡献自己的一份力量，我们也来贡献自己的一份力量吧！

志愿服务活动记录

日期	活动时间	活动地点	活动内容	心情记录

学习任务五：集思广益　畅所欲言

中国现代著名作家冰心曾说："有不少人像我一样，在写信的时候，喜欢在一张白纸，或是只带着道道的纸上，不受拘束地，心无旁骛地抒写下去的。"然而生活中心无旁骛地去完成一件事情并不是容易的，尤其是在如今这样一个日新月异、充满诱惑的世界，有多少人能保持淡定和从容的心态，做到淡泊宁静呢？

作为青少年，拥有淡泊宁静的心态，从容淡定地面对充斥在生活中的种种诱惑是不容易的。我们对世界充满了好奇，渴望打破那扇奇妙的大门，探索我们未知的领域，这便有了"成长"。然而，成长的过程充满冒险。在日益繁复的社会中，我们更需要勤奋地学习，努力提高自身修养，拥有高尚的志趣和追求，培养一颗淡泊宁静的心。

（一）活动规则

1. 3~5 人一组，轮流谈谈：本课的诗文向我们传递了怎样的思想？在日益繁复的社会中，我们面临哪些诱惑？我们该如何做到淡泊宁静？

2. 各组将组员发言整理成文字材料，由一名代表向同学们分享本组的讨论成果。其他同学认真听取发言，进行点评。

（二）活动内容

每位同学在听他人分享的同时，做好记录。

三、妙笔生辉　墨润心田

请完成以下字帖描红。

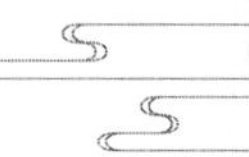

士君子之所能不能为：君子能为可贵，不能使人必贵己；能为可信，不能使人必信己；能为可用，不能使人必用己。故君子耻不修，不耻见污；耻不信，不耻不见信；耻不能，不耻不见用。是以不诱于誉，不恐于诽，率道而行，端然正己，不为物倾侧，夫是之谓诚君子。《诗》云："温温恭人，维德之基。"此之谓也。

——节选自《荀子·非十二子》

夫君子之行，静以修身，俭以养德。非淡泊无以明志，非宁静无以致远。夫学须静也，才须学也，非学无以广才，非志无以成学。慆慢则不能励精，险躁则不能治性。年与时驰，意与日去，遂成枯落，多不接世，悲守穷庐，将复何及！

——节选自诸葛亮《诫子书》

字谕汝舟儿：……尔年才二十八，已成进士，授职编修，是为侥幸成名，切不可自满。宜守三戒：一戒傲慢，二戒奢华，三戒浮躁。尔既奉母弟居京华，务宜体吾寸心，常持勤敬与和睦。凡家庭间能守得几分勤敬，未有不兴；能守得几分和睦，未有不发。若不勤不和之家，未有不败者也。尔昔在侯官，将此四字于族戚人家验之，必以吾言为有证也。尔性懒，书案上诗文乱堆，不好收拾洁净，此是败家气象，嗣后务宜痛改，细心收拾，即一纸一缕，皆宜捡拾伶俐，以为弟辈之榜样。……尔能勤，二弟皆学勤；尔能和，二弟皆学和；尔能孝，二弟皆学孝。尔为一家之表率，慎之慎之！

——节选自《林则徐家书》

第七课　学无止境

一、文润心田　书香同行

扫二维码，听朗诵录音；结合注释、作者生平和写作背景，体会诗文中蕴含的思想感情。

学恶（wū）[1]乎始？恶乎终？曰：其数[2]则始乎诵经，终乎读礼；其义[3]则始乎为士，终乎为圣人。真积力久则入，学至乎没（mò）[4]而后止也。故学数有终，若其义则不可须臾舍也。为之，人也；舍之，禽兽也。

——节选自《荀子·劝学》

【注释】

1. 恶：何处，哪里。
2. 数：数术，即方法、办法。
3. 义：意义。
4. 没：同“殁”，死亡。

【作者生平】

略。

【写作背景】

战国后期，我国社会经历着划时代的变革。许多思想家从不同的立场和角度出发，对当时的社会变革发表各自的主张，并逐渐形成儒家、道家、墨家和法家等不同的派别。诸子百家纷纷著书立说，宣传自己的主张，批评别人，出现了“百家争鸣”的局面。

荀子作为战国后期儒家的代表人物，与孟子的性善论不同，他提出性恶论。他认为人性是恶的，但后天的客观环境可以使它改变，所以他特别重视学习，鼓励人们学习。《荀子·劝学》篇是《荀子》一书开宗明义的第一篇，以“学不可以已”作为贯穿全文的中心思想，论述了人的后天学习、改造的重要性及其途径方法，特别强调勤学、专一、礼法、贤师益友的作用。教材节选部分阐述了学习的内容和方法。

虽有嘉肴[1]，弗食，不知其旨[2]也；虽有至道[3]，弗学，不知其善[4]也。是故[5]学然后知不足，教然后知困[6]。知不足，然后能自反[7]也；知困，然后能自强（qiǎng）[8]也。故曰：教学相长（zhǎng）[9]也。

——节选自《礼记·学记》

【注释】

1. 嘉肴：美味的食物。肴，熟的鱼肉等。
2. 旨：味美。
3. 至道：最好的道理。
4. 善：好。
5. 是故：因此。
6. 困：困惑。
7. 自反：反过来要求自己，即自我反思。
8. 自强：自己奋发图强。强，使……强。
9. 教学相长：教和学是互相推动、互相促进的。

【作者生平】

《礼记》是中国古代儒家经典之一。西汉宣帝（前73—前49）时，戴德、戴圣从秦汉以前各种礼仪论著中辑录了两个选本，分别被后人称为《大戴礼记》和《小戴礼记》，后者一般简称为《礼记》。《礼记》共四十九篇，汉代郑玄作注，唐代孔颖达作正义。《礼记》内容博杂，记述了儒家礼教学说和先秦典章制度、风俗习惯等，是研究中国古代社会情况、典章制度和儒家思想的重要著作。

【写作背景】

《礼记》主要记载先秦的礼制，反映了先秦儒家在哲学、教育、政治等方面的思想。《学记》是《礼记》中的一篇，阐述了儒家的教育思想。《学记》汲取各家教学成功与失败的经验教训，系统地阐述了教育的目的、教学的原则和方法、教学制度、教师的地位和作用等，篇中强调尊师重教、教学相长、循序渐进、触类旁通、师德师风、择师之道等。

教材节选部分阐述了教与学的辩证关系，认为教与学是教学过程的两个方面，两者是相辅相成的。这是《学记》教育思想的精华，至今仍对我们有启发。

国子先生[1]晨入太学，招诸生立馆[2]下，诲之曰："业[3]精于勤荒于嬉（xī）[4]，行成于思[5]毁于随[6]。方今圣贤[7]相逢，治具[8]毕张[9]。拔去凶邪[10]，登崇畯（jùn）良[11]。占小善者率以录[12]，名一艺者无不庸[13]。爬罗剔抉(jué)[14]，刮垢(gòu)磨光[15]。盖有幸而获选，孰云多而不扬[16]？诸生业患不能精，无患有司[17]之不明[18]；行患不能成，无患有司之不公。”

——节选自韩愈《进学解》

【注释】

1. 国子先生：唐代对国子博士（官名）的尊称。元和七年（812）春，韩愈为国子博士，此为作者自称。唐代主管教育的机构为国子监，下设国子学、太学等七学，各学置博士，负责教学。

2. 馆：学舍。

3. 业：学业。

4. 嬉：游戏，玩耍。

5. 行成于思：德行由于独立思考而有所成就。行，德行。思，思考。

6. 随：因循随俗。

7. 圣贤：指圣君、贤臣。

8. 治具：治理的工具，主要指法令。

9. 毕张：全部得以实施。

10. 凶邪：凶恶奸邪之人。

11. 登崇畯良：提拔才德优良的人。畯，同“俊”。

12. 占小善者率以录：具备一点优点的人大都被录用。占，有，具备。率，都。录，录用。

13. 庸：同“用”，被任用。

14. 爬罗剔抉：指搜罗、选拔人才。爬，爬梳。罗，搜罗。剔，剔除。抉，选择。

15. 刮垢磨光：指精心造就人才。刮垢，刮去污垢。磨光，磨去毛瑕，使之光洁。

16. 盖有幸而获选，孰云多而不扬：意思是说只有才行有所不及侥幸被选拔的人，而绝无才行优异而不被提举的人。扬，提举。

17. 有司：负责选拔人才的官吏。

18. 明：明察。

【作者生平】

韩愈（768—824），字退之，河南河阳（今河南省孟州南）人。祖籍昌黎（今辽宁义县），世称“韩昌黎”。唐代中期文学家、思想家、教育家。元和十二年（817），从宰相裴度平淮西之乱，任行军司马。淮西平定后，升任刑部侍郎。元和十四年，因谏阻宪宗迎佛骨，触怒宪宗，被贬为潮州刺史。宦海沉浮，累迁吏部侍郎，人称“韩吏部”。824年韩愈病逝，谥号为“文”，故称“韩文公”。

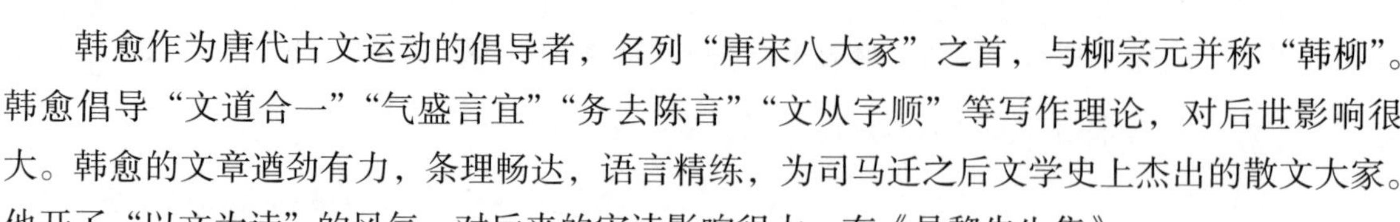

韩愈作为唐代古文运动的倡导者，名列“唐宋八大家”之首，与柳宗元并称“韩柳”。韩愈倡导“文道合一”“气盛言宜”“务去陈言”“文从字顺”等写作理论，对后世影响很大。韩愈的文章遒劲有力，条理畅达，语言精练，为司马迁之后文学史上杰出的散文大家。他开了“以文为诗”的风气，对后来的宋诗影响很大。有《昌黎先生集》。

【写作背景】

这篇文章约创作于唐宪宗元和八年（813），当时韩愈再降为国子学博士，心怀愤懑，作此文以自喻。进学，意谓勉励生徒刻苦学习，在学业、德行方面求取进步。解，解说，分析。全文假托先生劝学、生徒质问、先生再予解答的对话形式，抒发作者长期不受重用，反遭贬斥的不满情绪，也暗藏着对当时执政者不以才德取人、用人不公不明的讽刺。

《进学解》属于辞赋一类，押韵和对偶句的运用，使文章音调和谐，语句整齐流畅，增强了艺术感染力。同时，在内容上表达了封建时代正直而有才华、有抱负的知识分子的苦闷，批判了不合理的社会现象，具有典型意义，故而传诵不绝。

观书有感

[宋] 朱熹

半亩方塘一鉴开[1]，天光云影共徘徊[2]。

问渠那(nǎ)得清如许[3]？为[4]有源头活水[5]来。

【注释】

1. 一鉴开：一塘的水看起来像打开的一面镜子。鉴，镜子。

2. 天光云影共徘徊：天空的光彩和浮云的影子映射在塘水之中，不停地摇动，犹如人在徘徊。徘徊，来回移动。

3. 问渠那得清如许：要问为什么那方塘的水会这样清澈呢？渠，指方塘之水。那得，怎么会。那，同“哪”，怎么的意思。

4. 为：因为。

5. 源头活水：永不枯竭的源头为它源源不断地输送活水。比喻知识是不断更新和发展的，要在学习中不断探索，汲取新知。

【作者生平】

朱熹（1130—1200），字元晦，号晦庵。谥号文。祖籍徽州婺源（今属江西），出生于南剑州尤溪（今属福建）。南宋著名的理学家、教育家、诗人、闽学派的代表人物，世称朱子。青年时师事李侗，为二程（程颢、程颐）弟子。博览群书，广注典籍，对经学、史学、文学、乐律等有不同程度贡献。曾任知南康军（治所在今江西庐山市）、漳州（今属福建）

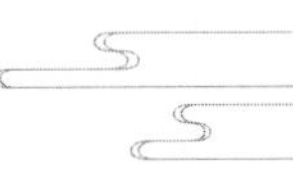

知州、湖南安抚使等职。在做地方官时，注重减轻人民负担和兴办教育事业。主张抗金，反对言和，认为“和议有百害而无一利”。强调“蓄锐待时”，反对盲目用兵。由于主和派当权，朱熹被革除官职。朱熹讲学不倦，著作很多，有《四书章句集注》《周易本义》等。

朱熹在哲学上发展了程颐、程颢关于理气关系的学说，集理学之大成，建立了完整的理气一元论思想体系，世称“程朱理学”。其理论思想在明清两代被提到儒学正宗的地位，成为官方意识形态。其博览和缜密分析的学风对后世学者很有影响。

【写作背景】

《观书有感》这首诗约写于南宋淳熙三年（1176）春。朱熹游学三清山，在三清山的三清宫游憩时触景顿悟，有感而发作此诗。

这是一首抒发读书体会的哲理诗。诗人借景喻理，借助池塘水清因有活水注入的现象，表达要不断接受新事物，才能保持思想活跃与进步的想法。

二、励志砺学　知行合一

请从下面五组学习任务中至少选择两组并完成。

学习任务一：体会历史典故中的求学精神

东汉时期，有个叫孙敬的青年人，他自幼热爱学习，经常孜孜不倦地读书到三更半夜。有时读书到一半会打瞌睡，为了不影响学习，他想出来一个好办法。他用一根长长的绳子，一头绑在自己的头发上，另一头拴在房梁上，读书的时候只要打瞌睡，绳子就扯住头皮，他因为疼醒了就能继续发愤读书了。战国时期有个叫苏秦的人，因为年轻的时候学问不多，所以尽管他有雄心壮志也得不到重用，之后他下定决心发愤苦读。他经常通宵达旦地读书，疲累的时候就用一根尖尖的锥子刺大腿一下，使自己猛然惊醒，继续读书。这就是“悬梁刺股”的故事，“悬梁刺股”比喻废寝忘食地刻苦学习。

在我国有很多关于激励别人刻苦学习的典故，如凿壁借光、韦编三绝、囊萤夜读等，这些故事中的主人公用实际行动告诉我们：只要付出努力，读书就会有收获。你还知道哪些这样的故事，快来讲一讲吧。

（一）活动规则

1. 搜集古代历史人物热爱学习的故事，如凿壁借光、韦编三绝、囊萤夜读等。

2. 课上以 4~6 人为一小组，在组内分享自己搜集到的故事，用自己的话清晰、简练地讲述自己所了解到的故事。

3. 每组选出一位讲得最好的同学，在全班分享，并谈谈对故事的感悟。

（二）活动内容

请将组内分享的故事，归纳至下表。

故事汇总表

故事	故事梗概	我的感悟
悬梁刺股		
凿壁借光		
韦编三绝		
囊萤夜读		

学习任务二：了解古诗文中的劝学思想

“君子曰：学不可以已。”“君子博学而日参省乎己，则知明而行无过矣。”这些是荀子《劝学》中的名句。《劝学》是战国时期思想家荀子创作的一篇文章，作为《荀子》的开篇之作，它从学习的重要性、学习的态度以及学习的内容和方法等方面深刻论述了学习的问题，鼓励我们通过学习完善自己的思想和言行，一心一意地践行君子之道。

中华文化具有深厚的历史文化内涵，其中包含了大量鼓励人们学习的古诗文作品。

（一）活动规则

1. 搜集与学习有关的古诗文，并了解其出处和作者。

2. 课上以 4~6 人为一小组，每人轮流说出与学习有关的一句古诗文，说不出来即淘汰，每个小组决出一位冠军，参加班级比赛。

3. 每组的冠军参加班级比赛，规则同上，最后选出第一、二、三名，给予奖励。

（二）活动内容

1. 韩愈《古今贤文·劝学篇》书山有路勤为径，学海无涯苦作舟________。

2. 王贞白《白鹿洞二首·其一》读书不觉已春深，一寸光阴一寸金________。

3.（　　）《________》________________。

4.（　　）《________》________________。

5.（　　）《________》________________。

6.（　　）《________》________________。

学习任务三：分享日积月累下的学习方法

学习不光要勤奋努力，更应讲究学习方法。学习方法是通过学习实践总结出的快速掌握知识的方法，拥有恰当的学习方法会使我们的学习更加高效。有人曾说过：“一切知识中最有价值的是关于学习方法的知识。”

拥有正确的学习方法可使我们的学习成绩得到提高，能使我们受益终身。学习方法并没有定式，学习基础、学习环境、所学专业不同，适用的学习方法也不同。分享我们积累下的学习方法，可以互相启发、借鉴。

（一）活动规则

1. 回想自己在学习中遇到的问题是如何攻克的，分析自己学习中的劣势和优势，结合自己的专业总结自己的学习方法，简要写一写。

2. 每位同学在班级中介绍自己的学习方法，其他同学认真倾听并做好记录。

3. 自愿发言，谈谈自己从其他同学的分享介绍中获得了哪些启发和借鉴。

（二）活动内容

1. 我的学习方法：

2. 我的启迪：

学习任务四：来份私人定制的学习计划吧！

“凡事豫则立，不豫则废”，做事之前有充分的准备和周详的计划，就会事半功倍，反之则不然。我们日常的学习也是如此，一个周详科学的学习计划对我们的学习进步有着重要作用。今天物质生活日益丰富，对我们的学习有很多诱惑和干扰。制订学习计划可以磨炼我们的意志，促使我们按照计划节奏分明地完成学习任务，避免浪费时间，提高学习效率，养成自律的学习习惯。

我们制订计划时，首先要明确目标，提出在未来一定时期内要达到的学习目标及预设的达到目标的途径手段。详细说明何时做、如何做等。当然，制订学习计划并非意味着只安排学习任务，劳逸结合才是科学的计划。

（一）活动规则

1. 4~6 人一组，组员分别介绍自己的学习目标，并谈谈自己如何制订一份学习计划。

2. 分析自己的学习基础和目前遇到的学习问题，结合所学专业和学习目标，为自己制订一份学习计划。

（二）活动内容

我的学习计划

学习任务五：体会职业生涯中的学习意义

学习能影响一个民族的命运，影响一个国家的发展和一个人的进步。学习贯穿了我们的人生，从未间断。可以说，学习是我们每个人的终身课题。尤其是在今天这个知识经济时代，我们青少年肩负着民族复兴的使命，必须加强学习，不断提高能力，不断积累知识，增长见识，跟上时代的步伐，促进我们人生价值的实现。

（一）活动规则

1. 以小组为单位讨论学习在我们职业生涯中的地位和作用，以此为主题撰写一篇演讲稿。
2. 组内演讲，分享自己的演讲稿，各组选拔一名演讲选手、一名评委。
3. 各组选手上台演讲，评委结合评价表打分，评选出演讲比赛前三名选手。

（二）活动内容

请将演讲大纲写在下面，要求主题鲜明，层次清晰。

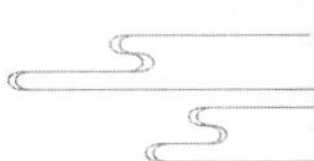

评价表

评价项目	评价分值	评价标准	评委打分
演讲内容	35	内容紧密围绕主题，观点正确，见解鲜明，反映客观事实，具有普遍意义	
语言表达	35	演讲者语言规范，吐字清晰，声音洪亮，表达准确、流畅、自然，语言技巧使用得当，语速恰当，语气、语调、音量、节奏、张弛符合思想感情的起伏变化	
肢体语言	15	精神饱满，能较好地运用姿态、动作、表情表达对演讲稿的理解	
仪表台风	5	着装妥当，朴素大方，举止自然得体，富有艺术感染力	
现场效果	10	演讲具有较强的吸引力、感染力和号召力，能较好地与听众感情融合在一起，营造良好的演讲效果	

三、妙笔生辉　墨润心田

请完成以下字帖描红。

学恶乎始？恶乎终？曰：其数则始乎诵经，终乎读礼；其义则始乎为士，终乎为圣人。真积力久则入，学至乎没而后止也。故学数有终，若其义则不可须臾舍也。为之，人也；舍之，禽兽也。

——节选自《荀子·劝学》

虽有嘉肴，弗食，不知其旨也；虽有至道，弗学，不知其善也。是故学然后知不足，教然后知困。知不足，然后能自反也；知困，然后能自强也。故曰：教学相长也。

——节选自《礼记·学记》

国子先生晨入太学，招诸生立馆下，诲之曰：“业精于勤荒于嬉，行成于思毁于随。方今圣贤相逢，治具毕张。拔去凶邪，登崇畯良。占小善者率以录，名一艺者无不庸。爬罗剔抉，刮垢磨光。盖有幸而获选，孰云多而不扬？诸生业患不能精，无患有司之不明；行患不能成，无患有司之不公。”

——节选自韩愈《进学解》

观书有感

［宋］朱熹

半亩方塘一鉴开，
天光云影共徘徊。
问渠那得清如许？
为有源头活水来。

第八课　精益求精

一、文润心田　书香同行

扫二维码，听朗诵录音；结合注释、作者生平和写作背景，体会诗文中蕴含的思想感情。

孔子学琴于师襄(xiāng)[1]子。襄子曰："吾虽以击磬(qìng)为官[2]，然能于琴。今子于琴已习[3]，可以益[4]矣。"孔子曰："丘未得其数[5]也。"有间[6]，曰："已习其数，可以益矣。"孔子曰："丘未得其志[7]也。"有间，曰："已习其志，可以益矣。"孔子曰："丘未得其为人[8]也。"

有间，曰："孔子有所缪(miù)然[9]思焉，有所睪(gāo)然[10]高望而远眺(tiào)。"曰："丘迨(dài)[11]得其为人矣，黮(dǎn)[12]而黑，颀然[13]长，旷如望羊[14]，奄有四方[15]。非文王其孰能为此？"

师襄子避席叶拱(gǒng)[16]而对曰："君子圣人也，其传曰《文王操》[17]。"

——节选自《孔子家语·辩乐解》

【注释】

1. 师襄：春秋时鲁国乐官，孔子曾向其学琴。
2. 以击磬为官：指击磬的乐官。磬，古代打击乐器，用玉或石制成。
3. 习：熟习，熟练。
4. 益：增加，加多。指增加新内容，学习新内容。
5. 数：技巧，弹奏的手法。
6. 有间：过了一段时间。
7. 志：指要旨，要领，通过乐曲所表达出的思想感情。
8. 为人：作曲的人。
9. 缪然：穆然深思的样子，缪，同"穆"。
10. 睪然：高高的样子。睪，同"皋"。
11. 迨：至，及，等到。
12. 黮：黑。
13. 颀然：指身材修长的样子。

14. 旷如望羊：志向高远的样子。旷，志存高远。望羊，抬头仰视的样子。

15. 奄有四方：统括四方。奄，覆盖，包。

16. 叶拱：古时的一种礼仪，即双手环拱靠近胸口。

17. 文王操：古琴曲名。相传为周文王所作。

【作者生平】

《汉书·艺文志》载有《孔子家语》27 卷，久佚，作者不详。今本 10 卷，44 篇。清代孙志祖有《家语疏证》。

【写作背景】

《孔子家语》是记录孔子及孔门弟子思想言行的重要著作。《孔子家语》的内容十分丰富，书中所记为孔子与其弟子、当时君卿大夫等的问对言语，以及关于孔子身世、求学、为政、施教的内容，是研究孔子和孔门弟子及古代儒家思想的重要文献，被学界誉为“孔子研究第一书”。

《孔子家语·辩乐解》是《孔子家语》中第三十五篇。本篇主要记载了孔子“乐”的理论，因此以“辩乐”为篇名。孔子对于音乐以及音乐在社会生活中所起的作用十分重视，对音乐的学习也是十分重视的。本篇生动记载了他在音乐方面不断学习和勤于思考的情况。

干(gān)将[1]者，吴人[2]也，与欧冶子[3]同师，俱[4]能为(wéi)[5]剑。越前来献三枚，阖闾(hé lǘ)[6]得而宝[7]之，以故[8]使剑匠作为二枚，一曰干将，二曰莫邪(yé)。莫邪，干将之妻也。

干将作剑，采五山[9]之铁精、六合[10]之金英[11]，候天伺(cì)地[12]，阴阳同光[13]，百神临观，天气[14]下降，而金铁之精不销[15]沦流[16]。于是干将不知其由[17]。莫邪曰：“子[18]以善[19]为剑闻于王[20]，使[21]子作剑。三月不成，其[22]有意乎?”干将曰：“吾不知其理也。”莫邪曰：“夫神物之化，须人而成。今夫子[23]作剑，得无[24]得其人而后成乎?”干将曰：“昔吾师作冶，金铁之类不销，夫妻俱入冶炉中，然后成物。至今后世，即山作冶，麻绖(dié)[25]葌(jiān)服[26]，然后敢铸金于山。今吾作剑，不变化者，其若斯耶?”莫邪曰：“先师亲烁[27]身以成物，吾何难哉?”于是干将妻乃断发剪爪投于炉中。使童女童男三百人鼓橐(tuó)[28]装炭，金铁乃濡[29]，遂以成剑。阳曰干将，阴曰莫邪。阳作龟文，阴作漫理[30]。

干将匿[31]其阳，出其阴而献之，阖闾甚重。

——节选自《吴越春秋·阖闾内传》

【注释】

1. 干将：传说中的春秋末年吴国铸剑名匠。

2. 吴人：春秋时期吴国人。

3. 欧冶子：春秋时人。善铸剑。相传曾为越王勾践铸湛卢、巨阙、胜邪（一作“镆铘”）、鱼肠、纯钧五剑。又与干将为楚昭王铸龙渊、泰阿、工布（一作“工市”）三剑。

4. 俱：全，都。

5. 为：做。

6. 阖闾：中国春秋末期吴国国君。

7. 宝：以……为宝贝，意动用法，以之为宝，把它当作宝贝。

8. 以故：因此。

9. 五山：五方名山，代指天下名山。

10. 六合：指上下和东西南北四方。

11. 金英：与前文“铁精”形成呼应，意为金属精华。

12. 候天伺地：等待天时和地利。

13. 光：照耀。

14. 天气：大自然的元气，一说指气温。

15. 销：金属熔化。

16. 沦流：流动。

17. 由：原因。

18. 子：你。

19. 善：擅长。

20. 闻于王：被王知道。

21. 使：命令。

22. 其：同“岂”，是否。

23. 夫子：古代妻子对丈夫的尊称。

24. 得无：恐怕，是否，莫非。

25. 绖：古代丧期系在腰间或头上的麻带。

26. 蓑服：茅草衣，这里用作动词。

27. 烁：同“铄”，熔化。

28. 橐：用牛皮制成的两头相通的袋状鼓风设备，它的作用类似后世的风箱。

29. 濡：湿润，柔软，此处指熔化。

30. 漫理：如水漫流的纹理。

31. 匿：隐藏。

【作者生平】

《吴越春秋》是一部史学著作，成书于东汉，赵晔撰。它主要记述了吴国自太伯至夫差、越国自无余至勾践的史事。其内容不拘泥于史实，加入了一些民间传说，是研究吴越历史的重要历史文献。赵晔，东汉经学家、史学家。字长君。会稽山阴（今浙江绍兴）人。约生活于明帝、章帝前后。初曾任县吏，因耻于奉迎而辞。后从杜抚习《韩诗》，穷究其术。至师杜抚死，才归故里。州上召补从事，不就。后卒于家。著有《吴越春秋》，记载吴、越二国历史，编年记事，内容多为他书所未载。

【写作背景】

《吴越春秋·阖闾内传》记述了吴王阖闾从建城到称霸一方的过程，干将铸剑为其中的一个故事。作者讲述了阖闾将城墙筑成后，派人去请干将铸造两把宝剑，干将和妻子莫邪集天时、地利、人和，合力铸成举世无双宝剑的全过程。

二、励志砺学　知行合一

请从下面五组学习任务中至少选择两组并完成。

学习任务一：当贾岛邂逅韩愈

教材“博观约取”中再现了唐代诗人贾岛骑驴作诗的故事。贾岛路上沉思诗中用“推”还是“敲”之际，邂逅韩愈，两人一见如故，“推敲”一番，演绎了一段千古传诵的文坛佳话。贾岛字字斟酌、句句推敲的严谨创作形象深入人心，使他赢得了“苦吟诗人”的雅号。“推敲”的故事启示我们在写作文或者诗歌时，要反复比较，多加斟酌，使内容更加生动、传神。

（一）活动规则

1. 以“当贾岛邂逅韩愈”为题进行情景剧比赛，4~6 人一组，各小组制订活动计划。
2. 小组成员进行剧本改编，确定本组剧本。
3. 根据剧本确定演职人员，并进行预演。
4. 课堂上，以小组为单位进行汇报演出。
5. 由教师和各小组进行投票，评选本次比赛的最佳情景剧。

（二）活动内容

本活动旨在将经典重现，在演绎经典的过程中体会贾岛为诗忘我的境界和精益求精的创作精神。

活动以小组为单位，鼓励充分运用多媒体手段，加上背景或者音乐的形式。鼓励在撰写剧本时有所创新，使经典再现的同时更加具有趣味性和观赏性。

学习任务二：寻觅北京老字号

北京有许多老字号商店，它们经历了几百年的风雨磨砺，是行业竞争中的优胜者，也是幸存者。比如，“全聚德”的烤鸭、“东来顺”的涮羊肉，都已经成了北京的名片。这些百年老店无一例外都经历了岁月的风霜，一直在精益求精，一直在推陈出新，一直在努力发展，它们不仅是行业的杰出代表，也是传统文化的重要象征。作为首都的技能青年，我们更应该了解这些老字号传承百年背后的故事。

（一）活动规则

1. 采用线上查阅资料或线下实地走访等方式“寻觅”北京老字号精益求精的故事，4~6人为一组，制订活动计划，做好人员分工，安排活动进度。

2. 按照分工进行资料搜集。

3. 制作准备展示材料。

4. 课上以小组为单位，每组选择一位代表汇报本组活动成果。

5. 小组汇报完毕，其他小组和教师对该组的活动成果进行评价。

（二）活动内容

以小组为单位，确定本组寻觅的主题，采用线上查阅资料或线下实地走访等方式，探寻这些老字号屹立百年不倒的秘密，学习和感悟老字号百年精神的传承和不断精益求精的工匠精神。整理研究搜集的材料，以 PPT、电子杂志、海报等形式进行展示。

“寻觅北京老字号”评价表

组名	汇报主题	小组评分	小组评语	教师评分	教师评语	总得分

学习任务三：走近“燕京八绝”

中国古代手工艺门类繁多，那些光彩夺目的手工艺品值得我们去传承和保护。“燕京八绝”是指景泰蓝、玉雕、牙雕、雕漆、金漆镶嵌、花丝镶嵌、宫毯、京绣八大工艺门类，它们曾在明清时期盛极一时，开创了中华传统工艺的高峰。在 2014 年北京 APEC（亚太经济合作组织）峰会等重要的国际交往活动中，“燕京八绝”工艺品曾被作为国礼送给国际友人，获得了一致赞誉。作为新时代的技能青年，我们肩负着传承和保护祖国传统工艺的重任。让我们走近“燕京八绝”，欣赏工艺品之美，了解其巧夺天工的制作工艺，感受传统工

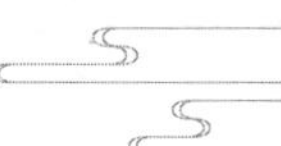

艺背后精益求精的工匠精神。

（一）活动规则

1. 采用线上查阅资料或线下实地走访等方式走近“燕京八绝”手工艺品。4~6 人为一组，各小组从“燕京八绝”中提炼出一至两个主题（各小组不得重复选择），制订活动计划，做好人员分工，安排活动进度。

2. 可采用线上查阅资料或线下实地走访等方式，了解“燕京八绝”手工艺品的发展史、制作工艺、代表作品等。

3. 各小组成员对本组的介绍文字和图片进行讨论形成定稿，然后制作 PPT、电子杂志等。

4. 课上以小组为单位，每组选择一位代表汇报本组活动成果。

5. 小组汇报完毕，其他小组和教师对该组的活动成果进行评价。

（二）活动内容

以小组为单位，揭秘“燕京八绝”的发展历史、制作工艺以及代表作品等，体会“燕京八绝”巧夺天工的技艺。

走近“燕京八绝”评价表

组名	汇报主题	小组评分	小组评语	教师评分	教师评语	总得分

学习任务四：寻找高品质的“中国制造”

随着社会经济的飞速发展，我们在日常的生活、学习和工作中使用的物品种类逐渐丰富，选择逐渐多样。大家往往选择自己喜欢的产品。产品除了要满足人们对产品功能的需求外，质量也必须达标。我们需要高品质产品，中国制造需要高品质。

（一）活动规则

1. 4~6 人为一组，进行讨论，选择一种产品，列出该产品的各种品牌。

2. 独立思考，选择自己喜欢的品牌，根据下表中的要点，和同组成员讨论该品牌的优缺点等，将讨论内容总结出来并完成下表。

3. 根据讨论内容，小组选出最高品质的品牌。

4. 每组选举一名代表进行分享。

（二）活动内容

通过介绍自己喜欢的产品品牌，思考“高品质”的意义及其与精益求精之间的关系，理解今天我们是“高品质”的消费者，而明天则是“高品质”的创造者。

产品名称	品牌	与其他品牌的对比优势	需要进一步改进的地方	给产品厂商的建议

学习任务五：实施“5S”行动

所谓“5S”，即对生产现场各种物质要素所处状态不断进行整理（seiri）、整顿（seiton）、清扫（seiso）、清洁（seiketsu）的同时，提高人员素养（shitsuke）、培养良好习惯的管理活动。“5S”管理法在我国企业中得到广泛推行，“5S”日益成为一项从办公室到生产车间所有员工都经常参与的活动。

整理。即对现场物品按需要与否加以区别，把不需要的物品进行处理。

整顿。即将需要的物品定量、定位排列整齐，并标出物品名称。

清扫。即对工作现场和设备、设施进行清扫，对设备、设施出现的异常及时排除。

清洁。即保持整理、整顿、清扫后的最佳状态。

素养。即培养人员良好的工作态度，树立爱岗敬业的精神和遵章守纪的作风，养成良好的习惯并加以保持。素养是“5S”管理的核心。

越来越多的学校会要求学生对生活、学习中的大环境，如寝室、教室、实训车间等，或者是对日常使用的书包、书桌、实训工具等微环境进行“5S”管理，引导学生从身边小事做起，从细节做起，养成脚踏实地、积极主动、精益求精的思想品德和行为习惯，提升自身的职业道德水准和职业价值，为将来走向工作岗位奠定坚实基础。

（一）活动规则

1. 确定个人“5S”行动的对象及实施计划。
2. 理解“5S”五项标准，罗列每项标准的具体实施内容。
3. 活动实施全程拍照，并完成“5S”行动实施记录表。
4. 4~6 人一组，分享个人“5S”行动成果和感受。
5. 每组选出一名代表进行分享。

（二）活动内容

"5S"行动实施记录表

项目	实施内容	完成情况	感受	备注
整理				
整顿				
清扫				
清洁				
素养				

三、妙笔生辉　墨润心田

请完成以下字帖描红。

孔子学琴于师襄子。襄子曰："吾虽以击磬为官，然能于琴。今子于琴已习，可以益矣。"孔子曰："丘未得其数也。"有间，曰："已习其数，可以益矣。"孔子曰："丘未得其志也。"有间，曰："已习其志，可以益矣。"孔子曰："丘未得其为人也。"

有间，曰："孔子有所缪然思焉，有所睪然高望而远眺。"曰："丘迨得其为人矣，黮而黑，颀然长，旷如望羊，奄有四方。非文王其

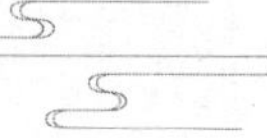

孰能为此？”

师襄子避席叶拱而对曰：“君子圣人也，其传曰《文王操》。”

——节选自《孔子家语·辩乐解》

干将者，吴人也，与欧冶子同师，俱能为剑。越前来献三枚，阖闾得而宝之，以故使剑匠作为二枚，一曰干将，二曰莫邪。莫邪，干将之妻也。

干将作剑，采五山之铁精、六合之金英，候天伺地，阴阳同光，百神临观，天气下降，而金铁之精不销沦流。于是干将不知其由。莫邪曰：“子以善为剑闻于王，使子作剑。三月不成，其有意乎？”干将曰：“吾不知其理也。”莫邪曰：“夫神物之化，须人而成。今夫子作剑，得无得其人而后成乎？”干将曰：“昔吾师作冶，金铁之类不销，夫妻俱入冶炉中，然后成物。至今后世，即山作冶，麻绖葌服，然后敢铸金于山。今吾作剑，不变化者，其若斯耶？”莫邪曰：“先师亲烁身以成物，吾何难哉？”于是干将妻乃断发剪爪投于炉中。使童女童男三百人鼓橐装炭，金铁乃濡，遂以成剑。阳曰干将，阴曰莫邪。阳作龟文，阴作漫理。

干将匿其阳，出其阴而献之，阖闾甚重。

——节选自《吴越春秋·阖闾内传》

哲人之思

第九课　四心四端

一、文润心田　书香同行

扫二维码，听朗诵录音；结合注释、作者生平和写作背景，体会诗文中蕴含的思想感情。

由是观之，无恻隐[1]之心，非[2]人也；无羞恶之心，非人也；无辞让之心，非人也；无是非之心，非人也。恻隐之心，仁之端[3]也；羞恶之心，义之端也；辞让之心，礼之端也；是非之心，智之端也。人之有是四端也，犹[4]其有四体[5]也。有是四端而自谓不能者，自贼[6]者也；谓其君不能者，贼其君者也。凡有四端于我[7]者，知皆扩而充之矣，若火之始然[8]，泉之始达。苟[9]能充之，足以保[10]四海；苟不充之，不足以事父母。

——节选自《孟子·公孙丑上》

【注释】

1. 恻隐：同情，怜悯。
2. 非：不是。
3. 端：开端，起源。
4. 犹：如，同。
5. 四体：四肢。
6. 贼：中伤，败坏。
7. 我：自己。
8. 然：同“燃”。
9. 苟：如果，假如。
10. 保：安定，安抚。

【作者生平】

孟子（约前372—前289），名轲，字子舆，邹（今山东邹城东南）人。战国时期思想家、政治家、教育家，是儒家学派的代表人物之一，与孔子并称“孔孟”，有“亚圣”

之称。孟子是鲁国贵族孟孙氏之后，出生时，家道已衰落。幼年丧父，主要由母亲抚养成人。孟母很重视对孟子的教育，留下“孟母三迁”“孟母断机杼”的典故。孟子长大成人后，曾受业于孔子的孙子子思的门人。学成之后，收徒讲学，游说诸侯，到过魏、齐、宋、滕等国。孟子曾为客卿数年，但其政治学说始终未能得到实施。晚年回到邹地，专心从事教育活动，与弟子万章、公孙丑等整理《诗经》《尚书》，阐发孔子思想，著成《孟子》。

【写作背景】

《孟子》由孟子与其弟子万章、公孙丑等共同编纂而成，主要记录孟子的言行和政治学说，约成书于战国中期。《孟子》全书现存 7 篇，体裁与《论语》大致相似。每篇分上下，以开头文字作篇名。南宋朱熹把《孟子》与《论语》《大学》《中庸》合在一起，并称“四书”，并编《四书章句集注》。《孟子》一书作为孟子主要言行的汇编，集中反映了他作为先秦儒家主要代表的基本思想，是中国思想史和儒学史上重要的典籍，在历史上有极大的影响。《孟子 · 公孙丑上》共 9 章，内容主要是论述仁政的问题。孟子在这一章中抨击了当时诸侯的暴政，劝说当时的君王推行仁政，从而实现统天下的“王道”。同时，孟子还论及个人修养以及人性等方面的问题，提出“知言”、养“浩然之气”、“四端说”等重要观点。

乃[1]若其情，则可以为善矣，乃[2]所谓善也。若夫为不善，非才之罪也。恻隐之心，人皆有之；羞恶之心，人皆有之；恭敬之心，人皆有之；是非之心，人皆有之。恻隐之心，仁也；羞恶之心，义也；恭敬之心，礼也；是非之心，智也。仁义礼智，非由外铄[3]我也，我固[4]有之也，弗[5]思耳矣。故曰：“求则得之，舍则失之。”或相倍蓰[6]而无算者，不能尽其才者也。

——节选自《孟子 · 告子上》

【注释】

1. 乃：至于。
2. 乃：这才，才。
3. 铄：渗透。
4. 固：本来。
5. 弗：不。
6. 倍蓰：泛指几倍。

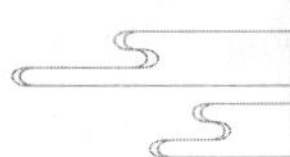

【作者生平】

略。

【写作背景】

《孟子·告子上》共20章。记录了孟子与告子围绕人性问题所展开的辩论，阐述了人性本善的观点，也谈到人的本性的保持问题。告子是战国时期思想家，与孟子同时。告子认为人性没有善恶之分，人性中的善是后天努力得来的；孟子则认为人的善性是上天赋予的。在教材节选的部分中，孟子指出恻隐、羞恶、恭敬、是非之心，“人皆有之”，这几种心是性善的根据，是仁、义、礼、智这些美德的萌芽，是人与生俱来的天赋。人之所以会变恶，是由于环境影响而不能尽其才的缘故。

二、励志砺学　知行合一

请从下面五组学习任务中至少选择两组并完成。

学习任务一：开展“性善论”“ 性恶论”大辩论

自古以来，人们关于人性本质的探讨主要有两种：一是“性善论”，一是“性恶论”。在我国，儒家代表人物孟子提出的“性善论”与荀子提出的“性恶论”一直在我国思想史上占据重要地位。处于青春期的我们正处于自我意识发展的时期，对人性本质问题的认识直接影响到我们价值观的形成。

（一）活动规则

1. 请以“‘性善论’还是‘性恶论’”为辩题，辨析人性本质的哲学问题。以小组为单位，做好人员分工安排。

2. 初赛，以小组为单位进行淘汰赛，胜出的队伍进入下一轮的比赛，最后胜出的两队进行决赛。

（二）活动内容

结合本课孟子提出的“四心四端”，进一步学习孟子“性善论”和荀子“性恶论”的相关内容。

以本组所持论点为准，准备相应的辩论材料。辩论过程中，可记录辩论双方新颖、精彩的观点。辩论过程中，应逻辑清晰，言简意赅，倡导良好辩风，注重普及知识、启迪智慧，避免人身攻击。

学习任务二：设计“北京邻里一家亲”宣传海报

“六尺巷”的故事堪称处理邻里关系的典范，体现了中华民族礼让、和睦的传统美德。俗话说：“邻居好，赛金宝。”邻里之间守望相助、和睦相处、团结友爱，不仅会使我们的

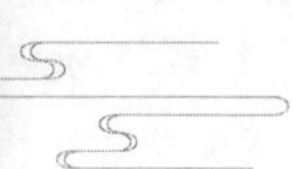

生活充满阳光，快乐无限，更是构建和谐社会的基础。作为新时代青少年，不仅要懂得邻里和睦相处的重要性，更要以身示范，树立维护和增进邻里和睦的责任感。

（一）活动规则

1. 设计“北京邻里一家亲”宣传海报。4~6 人为一组，制订活动计划，做好人员分工，安排活动进度。
2. 设计、商讨、确定本组海报设计内容。
3. 制作海报。
4. 课上以小组为单位，每组选择一位代表展示本组海报。
5. 小组汇报完毕，其他小组和教师对该组的活动成果进行评价。

（二）活动内容

本次活动主题为“北京邻里一家亲”，应征作品须体现本次活动主题并具有北京特色。

学习任务三：体会《走西口》中的“仁义礼智信”

电视剧《走西口》讲述的是清末民初，山西祁县田家为谋生计背井离乡“走西口”的传奇故事。剧中以田家祖训“仁义礼智信”贯穿整个故事的始末。田家人对“仁义礼智信”祖训的不同理解，影响着他们不同的人生，而在不同的年代，人们对“仁义礼智信”也有着不同理解。那么 21 世纪的今天，我们又该如何理解这条祖训呢？

（一）活动规则

1. 观看电视剧《走西口》，总结不同年代、不同人物对“仁义礼智信”的理解。
2. 4~6 人一组，小组内分享。
3. 课上以小组为单位，每组选择一位代表汇报本组活动成果。

（二）活动内容

观看电视剧《走西口》，思考田家人对祖训“仁义礼智信”的不同理解。思考在 21 世纪的今天，我们对“仁义礼智信”的理解是什么。与小组成员分享观点，还可以记录其他同学的精彩分享，并完成下表。

信息汇总表

	仁	义	礼	智	信
田家祖训					
参加革命的田青					
晋商田青					
我					
小组成员					
其他组					

学习任务四："扶"与"不扶"大讨论

自古以来，助人为乐、见义勇为是中华民族的传统美德。如今，看见他人处于危险之中时，为了不给自己带来不必要的麻烦，有些人会选择当"看客"。作为新时代的青年，我们是该扶，还是不扶？

（一）活动规则

1. 集体观看小品《扶不扶》。

2. 小组讨论：面对小品中的"难题"，你将如何选择？结合孟子"四心四端"的内容，谈谈对这个"难题"的看法。

3. 小组内部形成一致意见。选一名代表分享讨论成果。

（二）活动内容

小组讨论时，可以查阅其他相关资料，提供更多的论据。

学习任务五：走近孟子

孟子与孔子并称"孔孟"，被后世尊称为"亚圣"，是继承孔子思想和道统的人，地位仅次于孔子。孟子提出"性善论"，宣扬"仁政"，最早提出"民贵君轻"的思想。孟子的思想对后世影响深远。他以民本思想为核心的仁政学说和王道理想，被后世历代开明的政治家作为关注民生和进行政治改革的重要思想依据；他的心性天命学说则被宋明理学家吸收，并在这个基础上将儒学发展到一个新的高度。今天，就让我们跨越时空，走近亚圣孟子，一起感受孟子的智慧和思想。

（一）活动规则

1. 走近孟子，深入阅读关于孟子的书籍，全面了解亚圣的智慧和思想。4~6 人为一组，各小组讨论确定主题，制订活动计划，做好人员分工，安排好活动进度。

2. 可采用线上或线下多种方式查阅资料。

3. 制作展示材料。

4. 课上以小组为单位，每组选择一位代表汇报本组活动成果。

5. 小组汇报完毕，其他小组和教师对该组的活动成果进行评价。

（二）活动内容

跨越时空，可从以下方面去了解孟子：孟子生平事迹，孟子的伟大成就，孟子的深远影响，有关孟子的轶事典故、名言名句……可选择其中一个或多个方面进行深入了解，也可自拟主题。以 PPT、电子杂志、海报等形式进行展示。

三、妙笔生辉　墨润心田

请完成以下字帖描红。

由是观之，无恻隐之心，非人也；无羞恶之心，非人也；无辞让之心，非人也；无是非之心，非人也。恻隐之心，仁之端也；羞恶之心，义之端也；辞让之心，礼之端也；是非之心，智之端也。人之有是四端也，犹其有四体也。有是四端而自谓不能者，自贼者也；谓其君不能者，贼其君者也。凡有四端于我者，知皆扩而充之矣，若火之始然，泉之始达。苟能充之，足以保四海；苟不充之，不足以事父母。

——节选自《孟子·公孙丑上》

乃若其情，则可以为善矣，乃所谓善也。若夫为不善，非才之罪也。恻隐之心，人皆有之；羞恶之心，人皆有之；恭敬之心，人皆有之；是非之心，人皆有之。恻隐之心，仁也；羞恶之心，义也；恭敬之心，礼也；

是非之心，智也。仁义礼智，非由外铄我也，我固有之也，弗思耳矣。故曰："求则得之，舍则失之。"或相倍蓰而无算者，不能尽其才者也。

——节选自《孟子·告子上》

第十课　化性起伪

一、文润心田　书香同行

扫二维码，听朗诵录音；结合注释、作者生平和写作背景，体会诗文中蕴含的思想感情。

“凡[1]性[2]者，天之就[3]也，不可学，不可事[4]；礼义者，圣人之所生也，人之所学而能，所事而成者也。不可学、不可事而在人者谓之性，可学而能、可事而成之在人者谓之伪[5]。是性、伪之分也。……今人之性，饥而欲[6]饱，寒而欲暖，劳而欲休，此人之情性[7]也。今人饥，见长[8]而不敢先食者，将有所让[9]也；劳而不敢求息者，将有所代[10]也。夫子之让乎父、弟之让乎兄，子之代乎父、弟之代乎兄，此二行者，皆反于性而悖于情也；然而孝子之道，礼义之文理也。故顺情性则不辞让矣，辞让则悖于情性矣。用此观之，然则人之性恶明矣，其善者伪也。”

——节选自《荀子·性恶》

【注释】

1. 凡：凡是。
2. 性：人的本性。
3. 就：造就。
4. 事：从事，做，人为。
5. 伪：同“为”，人为。
6. 欲：想要。
7. 情性：人之常情和天性。
8. 见长：看见长者。长，长者，长辈。
9. 让：谦让。
10. 代：代替（劳累）。

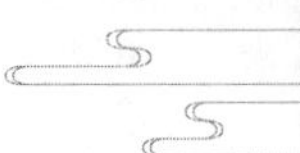

【作者生平】

略。

【写作背景】

荀子针对孟子的性善论，提出性恶论。他认为，自然而就的谓之“性”，后天人为的谓之“伪”。人若放纵“好利”“好声色”的本性，必导致争斗暴力。故圣人出而制定礼法，教化人们，于是辞让行，文理通，天下治。在此基础上，他提出“人之性恶，其善者伪也”的著名论点。《荀子·性恶》系统阐述了荀子“性恶论”思想。全篇围绕着“人之性恶，其善者伪也”的观点展开。荀子所谓的“性”，是“不可学、不可事而在人者”，即天性，也就是文中提到的“情性”；而“伪”，则是“可学而能、可事而成之在人者”，即后天的努力、环境和教育。荀子认为人生而有耳目口腹之欲，贪利争夺之心，所以其天性是恶的。因此，需要通过学习去改变、矫正恶的天性，此即“化性起伪”。荀子的性恶论思想是在战国时期礼崩乐坏、战乱不断的大时代背景下产生的，具有极强的现实意义，是对儒家思想的发展。

故圣人化性而起伪[1]，伪起而生礼义，礼义生而制法度。然则礼义法度者，是圣人之所生也。故圣人之所以同于众，其不异于众者，性也；所以异而过众者，伪也。夫好利而欲得者，此人之情性也。假之[2]人有弟兄资财而分者，且顺情性，好利而欲得，若是则兄弟相拂夺[3]矣；且化礼义之文理，若是则让乎国人矣。故顺情性则弟兄争矣，化礼义则让乎国人矣。

——节选自《荀子·性恶》

【注释】

1. 起伪：倡导人为的努力。
2. 假之：假如。
3. 拂夺：争夺。

【作者生平】

略。

【写作背景】

略。

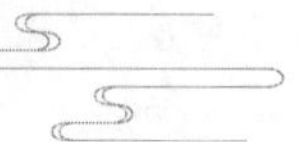

二、励志砺学　知行合一

请从下面五组学习任务中至少选择两组并完成。

学习任务一：讨论“人性利己说”与“性恶论”的关系

韩非（约前280—前233），也称韩非子，战国时期韩国人，著名的思想家，为先秦法家学派的代表人物。韩非子师从荀子，受其影响，在人性本质上，韩非子认为人是自私的，人的行为总是从私心私利出发。有人认为韩非子是荀子的学生，在人性问题上提出的“人性利己说”是对老师荀子“性恶论”的继承和发展，而有些人却不赞同。那么，让我们踏寻古人足迹，寻个水落石出。

（一）活动规则

1. 4~6人为一组，各小组制订活动计划，做好人员分工，安排好活动进度。

2. 个人课下按照小组分工查阅资料，学习“人性利己说”。

3. 课上以小组为单位，研究讨论“人性利己说”与“性恶论”关系。

4. 以小组为单位，每组选择一位代表汇报小组活动成果。

5. 小组汇报完毕，教师总结点评各小组的成果，引导学生比较思考，加深对两种观点的理解。

（二）活动内容

学习韩非子“人性利己说”理论，对比荀子“性恶论”，研究讨论“人性利己说”是对“性恶论”的发展还是与“性恶论”完全不同的观点。

学习任务二：思考“终身学习”和“学不可以已”的区别和共同点

终身学习是21世纪整个人类的生存理念，是社会成员为适应社会发展和实现个体发展的需要。战国时期的教育家荀子在《荀子·劝学》开篇中提到的“学不可以已”，是指学习是一件永远不能停止的事情，即学习无止境。无论是“终身学习”还是“学不可以已”，都有强调学习会贯穿人的一生。

（一）活动规则

1. 4~6人为一组，查阅“终身学习”“学不可以已”相关资料，深入理解并思考“终身学习”和“学不可以已”的区别和共同点。各小组制订活动计划，做好人员分工，安排好活动进度。

2. 个人课下按照小组分工查阅能体现“终身学习”“学不可以已”理念的资料。

3. 课上以小组为单位，讨论归纳小组活动成果。

4. 以小组为单位，每组选择一位代表汇报小组活动成果。

5. 小组汇报完毕，教师总结点评各小组的成果，引导学生比较思考，加深对两个理念的理解。

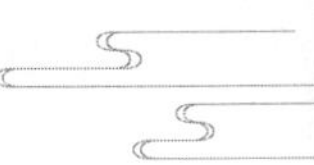

（二）活动内容

结合教材中荀子关于学习的理念，查阅能体现“学不可以已”“终身学习”理念的相关资料，从两个观点产生的时代背景、基本内容、主要目的等方面深入思考“终身学习”和“学不可以已”的区别和共同点。

学习任务三：诵经典　习圣人学

《劝学》是《荀子》一书的首篇。“劝学”就是“劝勉学习”的意思。文章分别从学习的重要性、学习态度、学习内容和方法等方面，全面而深入地谈论了有关学习的问题，较为系统地体现了荀子的教育思想，是一篇激励学生奋发努力、勤奋学习的经典之作。在对荀子有了更深的了解之后，让我们一起重诵经典，重新感受《劝学》中的智慧。

（一）活动规则

1. 4~6 人一组，根据活动内容和要求，讨论小组诵读的表现形式以及所需素材。

2. 预演。

3. 课堂上，以小组为单位进行汇报演出。

4. 小组汇报完毕，其他小组和教师对该组的演出成果进行评价。

（二）活动内容

结合教材“源远流长”的内容，了解荀子关于学习的思想。

初中阶段学习《劝学》，相信大家都能倒背如流。今天，我们学习了荀子的“性恶论”，对荀子的思想有了进一步的了解。让我们“温故而知新”，重新诵读《劝学》，感受荀子对我们的谆谆教诲。以小组为单位演出，可充分运用多媒体手段，加上背景或者音乐的形式。鼓励小组合作创新形式，提高朗诵的质量水平。

学习任务四：跟“不诚”说再见

荀子曰：“君子养心莫善于诚，致诚则无它事矣，唯仁之为守，唯义之为行。”这句话的意思是说，君子修养自己的品德，没有比真诚更好的了，做到了真诚则没有其他的事情了，只要守住仁德，奉行道义就行了。荀子想告诉人们，一个人如果想要成为君子，就必须陶冶和提高自己的思想情操，而最好的方法就是诚心诚意地对待每一个人或事，达到至诚的境界。君子以诚为贵，在当今社会，“诚”应该是每一个人都必须具备的品质，应该是各行各业都自觉践行的道德准则。新时代的技能青年应始终如一地把“诚”内化为个人品质，贯穿于生活、工作的始终。

（一）活动规则

1. 以小组为单位，分享自己对荀子“君子养心莫善于诚，致诚则无它事矣，唯仁之为守，唯义之为行”的理解。

2. 对自己开展“啄木鸟行动”。把自己曾经的不诚实行为写到小纸条上，撕成碎片，揉

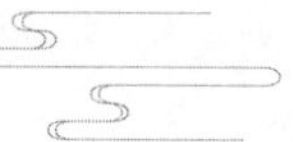

成团，扔进垃圾桶，和不诚实说“再见”。

（二）活动内容

1. 结合教材“谈古论今”中的内容，以小组为单位，进一步深入学习理解荀子名言，理解诚信的重要性。

2. 真诚地回忆过往，和“不诚实”的言行说“再见”。

学习任务五：走近荀子悟圣人智慧

荀子，战国时期的思想家、政治家，是儒家学派代表人物，先秦时代百家争鸣的集大成者。他兴趣广泛，对哲学、政治、经济、文学都有研究，其思想集中反映在《荀子》一书中。荀子对儒家思想有所发展，提倡性恶论，其思想对后世影响深远。今天，就让我们跨越时空，走近荀子，一起感受荀子的智慧和思想。

（一）活动规则

1. 4~6 人为一组，各小组讨论确定主题，制订活动计划，做好人员分工，安排好活动进度。

2. 可采用线上或线下等方式查阅资料。

3. 各小组成员对本组的介绍文字和图片进行讨论，形成定稿，然后制作 PPT 或电子杂志等。

4. 课上以小组为单位，每组选择一位代表汇报小组活动成果。

5. 小组汇报完毕，其他小组和教师对该组的活动成果进行评价。

（二）活动内容

跨越时空，走近荀子，深入阅读关于荀子的书籍，全面了解荀子的智慧和思想。可从以下方面去了解荀子：

1. 荀子生平事迹；
2. 荀子的伟大成就；
3. 荀子的深远影响；
4. 有关荀子的轶事典故；
5. 名言名句。

可选择以上其中一个或多个方面进行深入了解，也可自拟主题。

三、妙笔生辉　墨润心田

请完成以下字帖描红。

“凡性者，天之就也，不可学，不可事；礼义者，圣人之所生也，人之所学而能，所事而成者也。不可学、不可事而在人者谓之性，可学而能、可事而成之在人者谓之伪。是性、伪之分也。……今人之性，饥而欲饱，寒而欲暖，劳而欲休，此人之情性也。今人饥，见长而不敢先食者，将有所让也；劳而不敢求息者，将有所代也。夫子之让乎父、弟之让乎兄，子之代乎父、弟之代乎兄，此二行者，皆反于性而悖于情也；然而孝子之道，礼义之文理也。故顺情性则不辞让矣，辞让则悖于情性矣。用此观之，然则人之性恶明矣，其善者伪也。”

——节选自《荀子·性恶》

故圣人化性而起伪，伪起而生礼义，礼义生而制法度。然则礼义法度者，是圣人之所生也。故圣人之所以同于众，其不异于众者，性也；所以异而过众者，伪也。夫好利而欲得者，此人之情性也。假之人有弟兄资财而分者，且顺情性，好利而欲得，若是则兄弟相拂夺矣；且化礼义之文理，若是则让乎国人矣。故顺情性则弟兄争矣，化礼义则让乎国人矣。

——节选自《荀子·性恶》

第十一课　居安思危

一、文润心田　书香同行

扫二维码，听朗诵录音；结合注释、作者生平和写作背景，体会诗文中蕴含的思想感情。

晋侯以乐(yuè)之半[1]赐魏绛(jiàng)，曰：“子教寡人和诸戎狄(róng dí)，以正诸华[2]。八年之中，九合[3]诸侯，如乐之和[4]，无所不谐[5]。请与子乐(lè)之。”辞曰：“夫(fú)和戎狄，国之福也。八年之中，九合诸侯，诸侯无慝(tè)[6]，君之灵[7]也，二三子之劳也，臣何力之有焉？抑臣愿君安其乐而思其终也！《诗》[8]曰：‘乐只[9]君子，殿[10]天子之邦。乐只君子，福禄攸(yōu)[11]同，便蕃[12]左右，亦是帅从。’夫乐以安德[13]，义以处之，礼以行之，信以守之，仁以厉[14]之，而后可以殿邦国，同福禄，来远人，所谓乐也。《书》曰：‘居安思危。’思则有备，有备无患，敢以此规[15]。”

——节选自《左传·襄公十一年》

【注释】

1. 乐之半：乐器、乐女的一半。
2. 正诸华：整顿中原诸国。
3. 九合：多次会合。
4. 如乐之和：如同音乐和谐。
5. 谐：协调，和谐。
6. 无慝：不违背。
7. 灵：威。
8. 《诗》：即《诗经》。
9. 乐只：快乐。只，句中助词，不译。
10. 殿：镇抚。
11. 攸：助词，用法相当于“所”。
12. 便蕃：治理。
13. 乐以安德：音乐用以巩固德行。

14. 厉：同“励”，勉励。

15. 规：规劝。

【作者生平】

《左传》，又称《左氏春秋》《春秋左氏传》《春秋内传》，相传为春秋时期鲁国史官左丘明所著，是儒家经典之一。

左丘明，春秋时史学家。鲁国人。一说复姓左丘，名明；一说单姓左，名丘明。相传曾著《左传》，又传《国语》亦出其手。

【写作背景】

《左传》是中国古代一部叙事完备的编年体史书。《左传》不仅记载了春秋时代许多重要史事，还保存了此前的若干传说古史。有些记述已反映出某些进步的思想，如轻视鬼神而注重人事，强调君主忠于人民管好国家等。同时，它也显示出春秋时政治思想的一些特点，如不承认统一的专制君权，宣扬君臣为共同的国家利益而结合，双方都有选择的自由，不主张臣民绝对效忠于君主。

诚能见可欲[1]，则思知足以自戒；将有作[2]，则思知止以安人[3]；念高危，则思谦冲而自牧[4]；惧满盈[5]，则思江海下百川[6]；乐盘游[7]，则思三驱[8]以为度；忧懈怠，则思慎始而敬[9]终；虑壅(yōng)蔽[10]，则思虚心以纳下；想谗(chán)邪[11]，则思正身以黜(chù)恶[12]；恩所加，则思无因喜以谬赏[13]；罚所及，则思无以怒而滥刑。总此十思，宏兹九德[14]，简[15]能而任之，择善而从之，则智者尽其谋，勇者竭其力，仁者播其惠[16]，信者[17]效其忠。

——节选自魏徵《谏太宗十思疏》

【注释】

1. 见可欲：看见自己想要的东西。语出《老子》上篇：“不见可欲，使民心不乱。”下文的“知足”（知道满足）、“知止”（知道适可而止），出自《老子》下篇“知足不辱”“知止不殆”。

2. 作：建造，兴建。指大兴土木，营建宫殿苑囿等。

3. 安人：安民。

4. 念高危，则思谦冲而自牧：想到（自己的君位）高而险，就要不忘谦虚，加强自身的道德修养。冲，虚。牧，养。这里引用了《易经》“卑以自牧”的意思。

5. 满盈：容器中水满则溢出。指骄傲自满，听不进别人意见。

6. 江海下百川：江海居于百川之下。意思是说要有江海容纳众水的度量，善于听取各

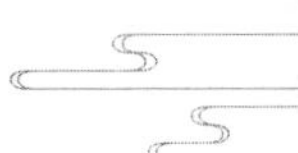

方面的意见。下，居……之下。

7. 乐盘游：以盘游为乐。盘游，娱乐游逸，指从事狩猎。

8. 三驱：指狩猎有度，不过分捕杀。

9. 敬：慎。

10. 虑壅蔽：担心（耳目被）堵塞、蒙蔽。

11. 谗邪：指爱说坏话陷害别人的邪恶之人。

12. 黜恶：斥退奸恶小人。黜，排斥。

13. 谬赏：不恰当地奖赏。

14. 宏兹九德：弘扬这九德。

15. 简：选拔。

16. 仁者播其惠：仁爱的人广施他们的恩惠。

17. 信者：诚信的人。

【作者生平】

魏徵（580—643），唐初政治家。字玄成，魏郡馆陶（今属河北）人，生于相州内黄（今河南内黄西北）。少孤贫好学，有大志。隋末农民起义爆发，魏徵诡为道士，以避世乱。后应瓦岗军李密之召，任文学参军，掌书记。武德元年（618），瓦岗军为王世充所败，魏徵随李密投奔李渊。二年十月，魏徵在黎阳被窦建德所俘，任起居舍人。四年，窦建德为唐朝所败，魏徵遂复归长安，任唐太子李建成洗马，劝建成早除李世民（太宗）。及太宗即位，擢为谏议大夫。性刚直，敢于犯颜直谏，前后所奏二百余事，多被采纳。贞观三年（629）任秘书监，参与朝政。后任侍中，封郑国公。当贞观之治已经形成以后，他仍然关心国家的安危。多次劝太宗以隋亡为鉴，居安思危，施行仁义；去奢省费，轻徭薄赋；举贤任能，斥佞退邪；坚持法制，力避任刑；虚怀纳谏，不责过激；偃武修文，少动干戈；善始令终，力防蜕变。

【写作背景】

《谏太宗十思疏》是魏徵于贞观十一年（637）呈给唐太宗的奏章。“疏”，即“奏疏”，是古代大臣向君主提谏的一种文体。太宗年轻时随父打天下，艰苦创业，随着功业已成，太宗开始追求享乐。魏徵为此非常担忧，规谏太宗吸取隋朝灭亡的教训，居安思危，修德图强。

二、励志砺学　知行合一

请从下面五组学习任务中至少选择两组并完成。

学习任务一：探寻居安思危正反例

战国时期，齐公子孟尝君在冯谖的帮助下，运用“狡兔三窟”的道理，提前做好准备从而避免了祸患；五代十国时期，后唐皇帝李存勖在功成名就后荒淫无度，自封“伶官天子”，以致众叛亲离，死于非命。两个故事流传至今，发人深省。孟尝君与李存勖的故事形成了鲜明的对比，可以说，能否居安思危在一定程度上决定着成败。

（一）活动规则

1. 小组讨论，简要提炼教材“博观约取”中故事的经过及结果。找到日常学习与生活中，自己居安思危或没能居安思危的例子，试着分析成功或失败的原因。

2. 同本小组成员分享自己的案例。

（二）活动内容

1. 小组讨论时可参考下表。

故事信息提炼表

年代	人物	经过	结果及原因

2. 找自己因居安思危而成功或因没能居安思危而失败的例子，试着分析成功或失败的原因时，可参考下表。

案例汇总表

时间	经过	结果及原因

学习任务二：寻找安危转化的历史故事

居安思危是一种辩证的思维方式，是一种生存智慧。安危、存亡、治乱、盛衰、福祸在一定条件下相互转化，互为因果。古人借鉴历史，总结出了安与危相生相克的发展规律，告诫后人居安不忘思危，始终保持头脑清醒，进而安身保国。中华民族的发展进程更是一

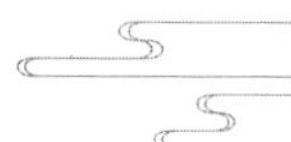

部生动且深刻的史书，安危转化的故事屡见不鲜。

（一）活动规则

以小组为单位，搜索并在课堂上讲述一个中国历史上安与危、存与亡、治与乱、盛与衰、福与祸相互转化的故事。

（二）活动内容

以小组为单位，参考示例，完成下表。

故事汇总表

朝代	人物	经过	结果	启示
隋	隋炀帝杨广	隋炀帝即位后，完善三省六部制，省并州县，开掘运河，兴办学校，建立科举取士制。但他好大喜功，役使农民超千万，又三攻高丽，严重破坏社会生产。	农民起义遍及全国，各地纷纷起兵反隋，隋炀帝众叛亲离，被宇文化及等缢杀于江都	盛衰、安危不是一成不变的，国家处于兴盛时，在位者如果不修德，骄奢淫逸，恣睢暴虐，就会导致国家灭亡。一个人处于成功时，如果不能保持谦逊，提高自己的修养和技能，最终也是会失败的

学习任务三：名篇诵读接龙

春秋战国时期，战乱纷争，一个国家要想立于不败之地，就要奋发图强，不能安于现状、不思进取。在这样的背景下，孟子通过列举 6 位经过贫困、挫折的磨炼而终担大任的人物的事例，证明忧患可以激人奋进，磨难可以促使人取得新的成就。接着，从个人的发展和国家的兴亡两个角度进一步论证，最后得出“生于忧患而死于安乐”的结论。

（一）活动规则

以小组为单位，每人一句，背诵《孟子・告子下》中的名篇《生于忧患，死于安乐》。练习熟练后在课堂上展示。

（二）活动内容

舜发于畎(quǎn)亩之中，傅说(yuè)举于版筑之间，胶鬲(gé)举于鱼盐之中，管夷吾举于士，孙叔敖举于海，百里奚举于市。故天将降大任于是人也，必先苦其心志，劳其筋骨，饿其体肤，空乏其身，行拂乱其所为，所以动心忍性，曾益其所不能。

人恒过，然后能改；困于心，衡于虑，而后作；征于色，发于声，而后喻。入则无法家拂(bì)士，出则无敌国外患者，国恒亡。然后知生于忧患而死于安乐也。

学习任务四：向大国工匠取经

陈行行，是一个从小乡村走出来的农家孩子。小时候，他的动手能力就很强，喜欢把自行车、电视的零部件拆了重新组装。从山东技师学院毕业后，他进入中国工程物理研究院工作，是该所一专多能的技术技能复合型人才。2018 年，被评为“大国工匠年度人物”时，陈行行曾表示，竞争激烈的社会潮流让技能人才不能懈怠，奋力进取的精神应该在技能人才身上得到体现。

（一）活动规则

1. 以小组为单位，学习“大国工匠年度人物”陈行行的事迹，提取关键词，根据关键词说一说，作为一名技工院校学生，在学习和工作中如何做到居安思危。

2. 组长整理好本组的观点后，在课堂上分享交流。

（二）活动内容

运用网络搜索陈行行的事迹，理一理他的发展之路，提取你认为对其发展起到重要作用的关键词语。

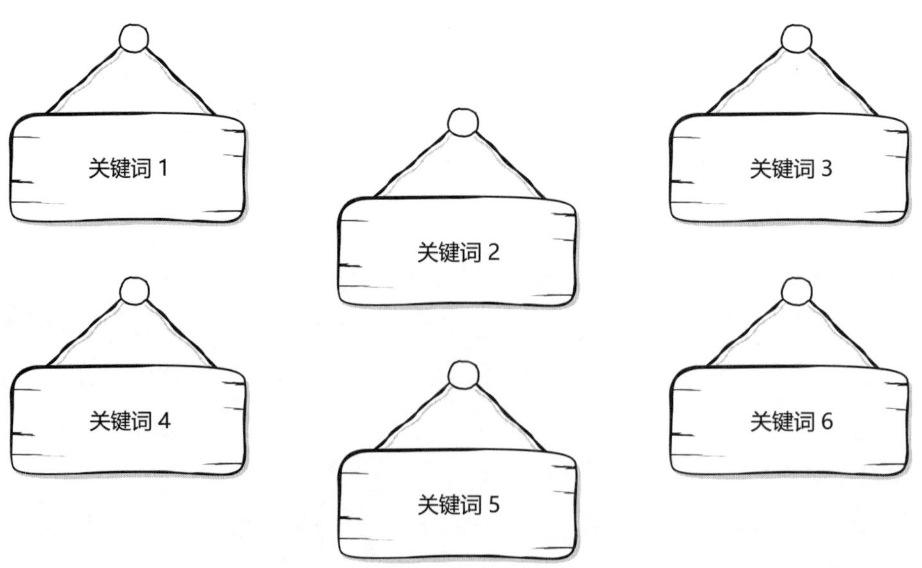

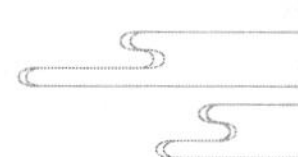

学习任务五：“未雨绸缪，不负韶华”主题演讲

青年的人生之路很长，前进途中，有平川也有高山，有缓流也有险滩，有丽日也有风雨，有喜悦也有哀伤。心中有阳光，脚下有力量。为了理想能坚持、不懈怠，才能创造无愧于时代的人生。青年强则国强，青年立则国立。星光不负赶路人，未雨绸缪，才有穿越风雨的底气。只有不断汲取正能量，奋勇前行，才能不负韶华，成就出彩人生。

（一）活动规则

1. 以小组为单位讨论如何在不断变化发展的当今社会获得立足之地，以“未雨绸缪，不负韶华”为主题，进行演讲。

2. 每组自由选择演讲的表现形式，在课堂上进行演讲展示，可运用多媒体课件、背景音乐等增强演讲的表现力。

（二）活动内容

以小组为单位，参考下表进行演讲准备。

演讲参考表

主题解析	1. 如何理解“青年的人生之路很长……才能创造无愧于时代的人生”这段话？	
	2. 针对“未雨绸缪，不负韶华”这一主题，如何展开讨论？	
内容准备	1. 可以运用教材中的哪些内容？	
	2. 通过查阅资料可以找到哪些相关内容？	
演讲稿撰写	1. 演讲开篇如何引人入胜？	
	2. 演讲内容以什么样的顺序呈现？	
	3. 演讲结尾如何呼应主题？	

三、妙笔生辉　墨润心田

请完成以下字帖描红。

晋侯以乐之半赐魏绛，曰："子教寡人和诸戎狄，以正诸华。八年之中，九合诸侯，如乐之和，无所不谐。请与子乐之。"辞曰："夫和戎狄，国之福也。八年之中，九合诸侯，诸侯无慝，君之灵也，二三子之劳也，臣何力之有焉？抑臣愿君安其乐而思其终也！《诗》曰：'乐只君子，殿天子之邦。乐只君子，福禄攸同，便蕃左右，亦是帅从。'夫乐以安德，义以处之，礼以行之，信以守之，仁以厉之，而后可以殿邦国，同福禄，来远人，所谓乐也。《书》曰：'居安思危。'思则有备，有备无患，敢以此规。"

——节选自《左传·襄公十一年》

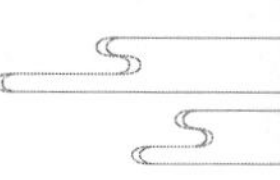

诚能见可欲，则思知足以自戒；将有作，则思知止以安人；念高危，则思谦冲而自牧；惧满盈，则思江海下百川；乐盘游，则思三驱以为度；忧懈怠，则思慎始而敬终；虑壅蔽，则思虚心以纳下；想谗邪，则思正身以黜恶；恩所加，则思无因喜以谬赏；罚所及，则思无以怒而滥刑。总此十思，宏兹九德，简能而任之，择善而从之，则智者尽其谋，勇者竭其力，仁者播其惠，信者效其忠。

——节选自魏徵《谏太宗十思疏》

第十二课　革故鼎新

一、文润心田　书香同行

扫二维码，听朗诵录音；结合注释、作者生平和写作背景，体会诗文中蕴含的思想感情。

公孙鞅（yāng）曰：“臣闻之：‘疑行无成，疑事无功[1]。’君亟（jí）[2]定变法之虑，殆（dài）[3]无顾天下之议之也。且夫有高人之行者，固见负[4]于世；有独知之虑者，必见骜（ào）[5]于民。语曰：‘愚者暗[6]于成事，知[7]者见于未萌……’

…………

法者所以爱民也，礼者所以便事[8]也。是以圣人苟可以强国，不法其故[9]；苟可以利民，不循其礼。”

——节选自《商君书·更法》

【注释】

1. 疑行无成，疑事无功：行动迟疑就不会有什么成就，办事犹疑不决就不会取得成功。疑行、疑事，指做事犹豫不决。
2. 亟：急速，赶快。
3. 殆：必，一定。
4. 负：非议。
5. 骜：同“謷”，诽谤，诋毁。
6. 暗：看不见，不明白。
7. 知：同“智”，聪明。
8. 便事：方便做事，此处指有利于处理政务。
9. 不法其故：不去沿用旧的法度。法，效法。

【作者生平】

《商君书》，又称《商君》或《商子》，是战国时商鞅及其后学著作的合编。商鞅（约前

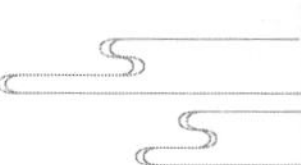

390—前 338），战国时政治家、思想家。出身卫国君远支宗族，故称卫鞅或公孙鞅。初为魏相公叔痤家臣。公元前 361 年秦孝公即位，下令求贤。商鞅携带李悝《法经》入秦，深得孝公信任，主持秦国变法，使秦国迅速富强起来，跃居六国之上。前 340 年因战功封于商（今陕西丹凤西北），号商君，故人称商鞅。公元前 338 年，秦孝公死，秦惠王立，秦国的旧贵族诬告商鞅谋反，秦惠王将其车裂并灭其家。

【写作背景】

《商君书》着重论述了商鞅一派的变法理论和具体措施。商鞅一派主张从法律上保护土地私有权，而把统治权力集中于君主一人，同时反对用诗书礼乐和道德教化的手段治理国家。本篇节选自《商君书·更法》，记载了秦国实行变法之前革新派与守旧派围绕该不该变法，为什么要变法的问题展开的争论。秦孝公接替先君位置，发愤图强，想要通过变更法度来治理国家，改变礼制，教化百姓。商鞅鼓励秦孝公尽快变法，反驳因循守旧的迂腐之论。文中商鞅以古论今，旁征博引，在滔滔雄辩中一展其治世的才能。

今汉继秦之后，如朽木、粪墙[1]矣，虽欲善治之，亡可奈何。法出而奸生，令下而诈起，如以汤[2]止沸，抱薪救火，愈甚亡益也。窃[3]譬(pì)之琴瑟不调，甚者必解而更(gēng)张[4]之，乃可鼓[5]也；为政而不行，甚者必变而更化[6]之，乃可理也。当更张而不更张，虽有良工[7]不能善调也；当更化而不更化，虽有大贤不能善治也。故汉得天下以来，常欲善治而至今不可善治者，失之于当更化而不更化也。

——节选自董仲舒《对贤良策》

【注释】

1. 朽木、粪墙：朽坏的木头、污秽的土墙。
2. 汤：热水。
3. 窃：私自。
4. 更张：指重新调整琴瑟上的弦，使声音和谐。比喻变更或变革。
5. 鼓：弹奏。
6. 更化：更改变化。
7. 工：指乐工。

【作者生平】

董仲舒（前 179—前 104），西汉儒家今文经学大师，思想家和政治家。广川（治今河北景县西南）人。景帝时任博士，讲授《春秋公羊传》。元光元年（前 134），汉武帝举贤良

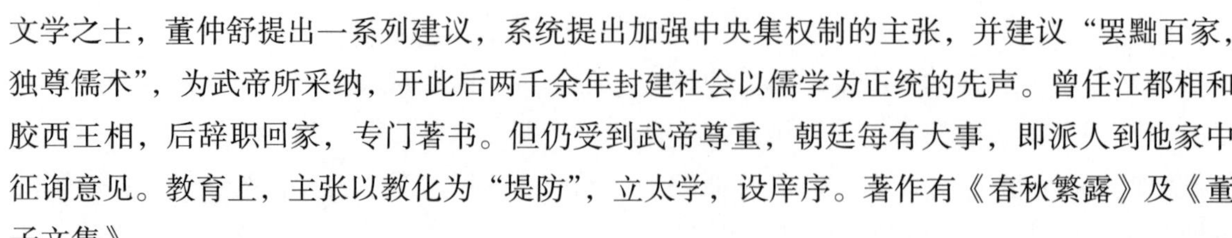

文学之士，董仲舒提出一系列建议，系统提出加强中央集权制的主张，并建议“罢黜百家，独尊儒术”，为武帝所采纳，开此后两千余年封建社会以儒学为正统的先声。曾任江都相和胶西王相，后辞职回家，专门著书。但仍受到武帝尊重，朝廷每有大事，即派人到他家中征询意见。教育上，主张以教化为“堤防”，立太学，设庠序。著作有《春秋繁露》及《董子文集》。

【写作背景】

汉代初期，行“无为”之治，百姓休养生息，却也暴露了不少弊端。汉武帝即位后，想要施行“有为”之治，带着种种疑问，请各地推举贤良人才到朝廷。汉武帝策问董仲舒 3 次，这 3 次对策的文字，就是《对贤良策》，又称“天人三策”。

二、励志砺学　知行合一

请从下面五组学习任务中至少选择两组并完成。

学习任务一：“推陈出新”面面观

春秋子产铸刑书，开启了中国古代公布成文法的先例，百姓从中获得了实惠；西汉韩信管粮仓，创造“算子估粮”“推陈出新”法，使蜀中粮仓不再有粮食变质、浪费现象；著名画家齐白石晚年毅然决定改变画风，赋予了艺术鲜活的生命力；国内某手机创新销售模式，实现了企业利润的高速增长。古往今来，“推陈出新”的事例不胜枚举。

（一）活动规则

1. 以小组为单位，搜索古今推陈出新的事例。

2. 通过小组讨论，选择最具代表性的古今事例各一个，在课堂上展示。

（二）活动内容

结合本课“博观约取”内容，运用网络等资源搜索推陈出新的事例，填写下表。

古今事例表

年代	人物（团队）	事例
古		
今		

学习任务二：了解“革故鼎新”与《易经》的关系

《易经》是中国古老的典籍，古人认为，《易经》的不同卦辞揭示着世间万物变化的真

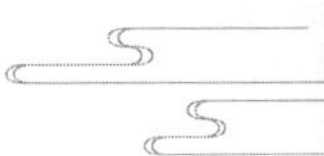

谛。历代儒家学者，用不同的文字赞扬《易经》，推崇其为“群经之首”，致以无上的敬意。当今，研读《易经》，汲取祖先的智慧，同样能够获得丰富的启示。“革故鼎新”一词源自《易经》中的革卦与鼎卦，诠释了改革与发展的辩证关系。

（一）活动规则

1. 以小组为单位，根据“革卦”的例子，讨论“鼎卦”的内容。

2. 以小组为单位，在课堂上分享讨论结果。

（二）活动内容

根据给出的“革卦”的例子，完成下表。

汇总表

卦名	原文	彖辞	象辞	启示
革	革，巳日乃孚，元亨，利贞，悔亡	革，水火相息，二女同居，其志不相得，曰革。……天地革而四时成。汤武革命，顺乎天而应乎人。革之时大矣哉！	泽中有火，革。君子以治历明时	“革”就是人类思维的变化。作为学生，思维不能固守成规，要与时俱进，积极学习新知识，勇于接触新事物，富有创新精神，不断完善自我
鼎				

学习任务三：分享变法救世的事例

中国是一个文明古国，文明不仅仅在于创造辉煌，更在于不断探索、寻求改变。在历史课上，我们曾学过商鞅变法、王安石变法、戊戌变法等，这些都是影响比较大的变法。变法有成功，也有失败。即使那些失败了的变法也都有或多或少的进步意义。自古变法者无不是心怀天下之人，怀着救世的崇高理想，他们创造，他们改变，他们面临着不成功便成仁的考验。

（一）活动规则

以小组为单位，搜索历史中变法的事例并在课堂上展示。可通过制作思维导图等方式进行展示。

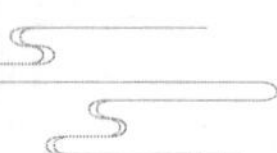

（二）活动内容

在搜索事例的过程中，可从以下几个方面进行总结归纳：

1. 变法发生的时间；
2. 变法发生的时代背景；
3. 变法的相关人物；
4. 变法的主张；
5. 变法的过程与结果；
6. 变法成功或失败的经验教训；
7. 变法对后世的影响。

学习任务四：讲述大国工匠李仁清在继承中发展的故事

有人曾说过："我之所以看得远，是因为我站在巨人的肩膀上。"今天，许多新成果、新技术都是汲取了前人的智慧创造出来的。教材"谈古论今"中提到大国工匠李仁清的事迹，他在继承中国传统拓印技法的基础上，运用新的技艺，成功地保留了大量珍贵的历史文化资料，为传承中华民族优秀传统文化及保护人类非物质文化遗产事业做出了重要的贡献。

（一）活动规则

观看大国工匠李仁清的视频，以小组为单位讨论他是如何在继承中发展技艺的。

（二）活动内容

在观看视频的过程中，思考以下几个问题，在小组内展开讨论。

1. 李仁清刚入行时对拓印的认识是如何发生转变的？
2. 为了解开心中的疑惑，李仁清做了哪些努力？
3. 在拓印及拼接北魏立佛像时，李仁清和他的团队遇到了哪些困难？
4. 拓印成功后，李仁清有何感想？
5. 观看视频后，说一说怎样才能做到在继承中发展。

学习任务五：制订自我完善计划

种子要发芽，小鸟要破壳，虫儿要化蝶……一切有生命的东西，只要想成长，只要想发展，只要想壮大，都要想方设法突破自己。我们要清楚地认识自我，知道自己的优缺点，从而取长补短，去掉阻碍自身发展的因素，发扬促进自身前进的优势。同时，也要了解周遭的环境，善于发现机遇与挑战，精准发力，突破自我，活出精彩。

（一）活动规则

结合自身实际，运用"SWOT"分析模型，分析自己的优势与劣势、机遇与挑战。结合自身实际，选择1~2个劣势或威胁，制订计划，改善不足。

（二）活动内容

运用“SWOT”分析模型分析自身情况，SWOT 分析模型参考下图。

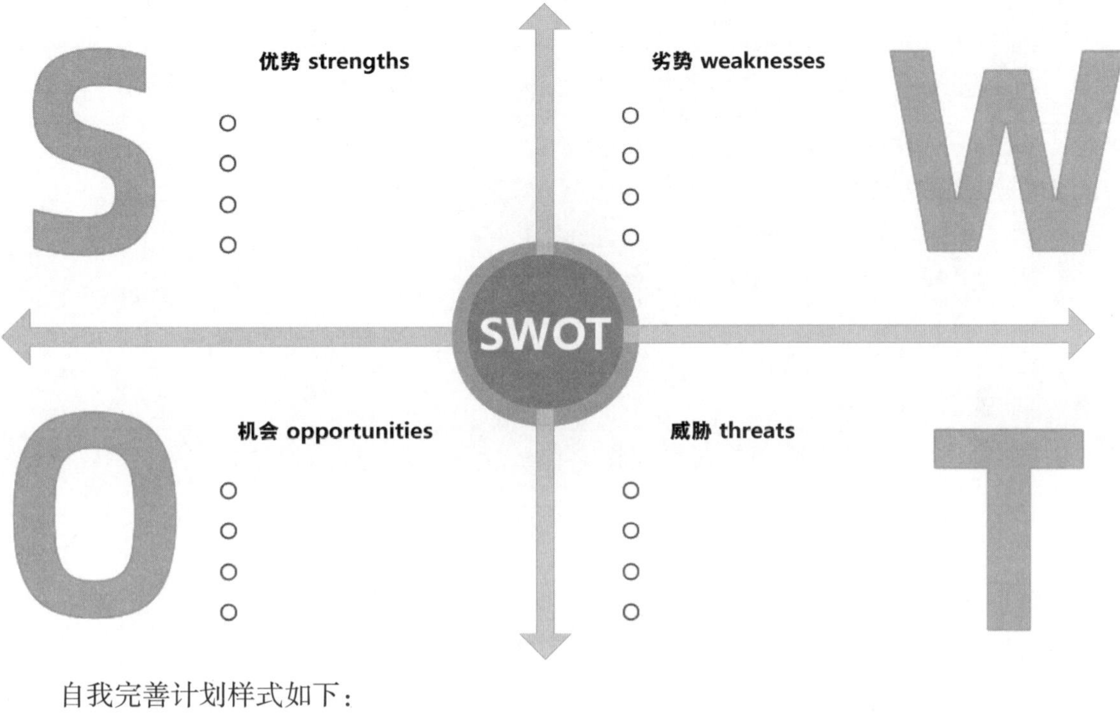

自我完善计划样式如下：

自我完善计划

我的小目标：

我的计划：

我的实施过程：

三、妙笔生辉　墨润心田

请完成以下字帖描红。

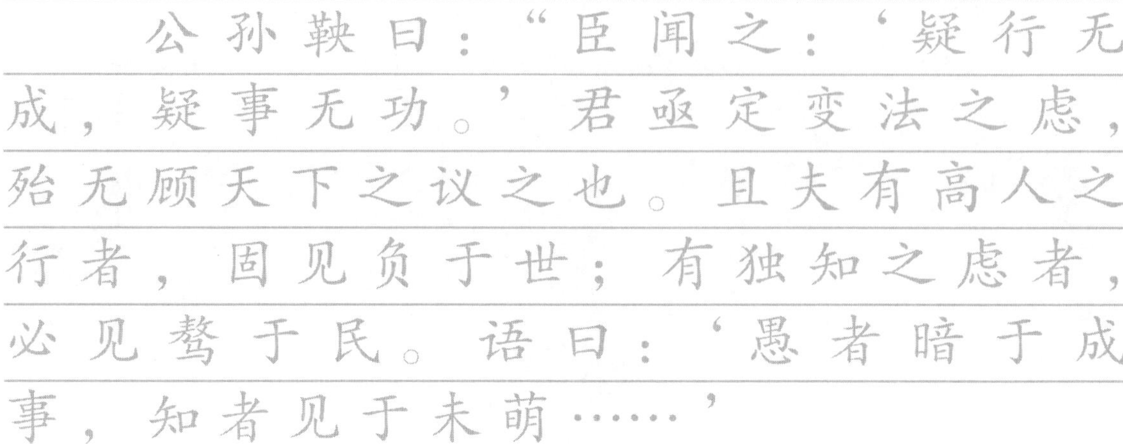

公孙鞅曰："臣闻之：'疑行无成，疑事无功。'君亟定变法之虑，殆无顾天下之议之也。且夫有高人之行者，固见负于世；有独知之虑者，必见骜于民。语曰：'愚者暗于成事，知者见于未萌……'

…………

法者所以爱民也，礼者所以便事也。是以圣人苟可以强国，不法其故；苟可以利民，不循其礼。"

——节选自《商君书·更法》

今汉继秦之后，如朽木、粪墙矣，虽欲善治之，亡可奈何。法出而奸生，令下而诈起，如以汤止沸，抱薪救火，愈甚亡益也。窃譬之琴瑟不调，甚者必解而更张之，乃可鼓也；为政而不行，甚者必变而更化之，乃可理也。当更张而不更张，虽有良工不能善调也；当更化而不更化，虽有

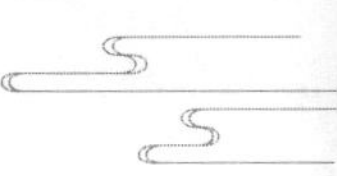

大贤不能善治也。故汉得天下以来，常欲善治而至今不可善治者，失之于当更化而不更化也。

——节选自董仲舒《对贤良策》

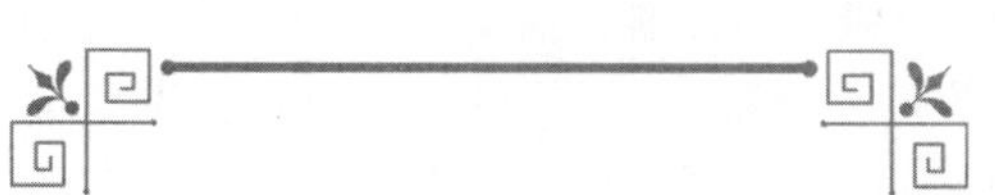

民俗之情

第十三课　华夏衣冠

一、文润心田　书香同行

扫二维码，听朗诵录音；结合注释、作者生平和写作背景，体会诗文中蕴含的思想感情。

冠称元服[1]，衣曰身章[2]。曰弁(biàn)曰冔(xǔ)曰冕[3]，皆冠之号；曰履曰舄(xì)曰屣(xǐ)[4]，悉鞋之名。上公命服[5]有九锡[6]，士人初冠有三加[7]。簪缨(zān yīng)[8]缙绅(jìn shēn)，仕宦之称；章甫(fǔ)缝掖(yè)[9]，儒者之服。布衣即白丁之谓[10]，青衿(jīn)[11]乃生员之称。葛屦(jù)[12]履霜，诮(qiào)俭啬(sè)之过甚；绿衣黄里[13]，讥贵贱之失伦。上服曰衣，下服曰裳；衣前曰襟，衣后曰裾(jū)[14]。敝衣曰褴褛(lán lǚ)[15]，美服曰华裾[16]。襁褓(qiǎng bǎo)[17]乃小儿之衣，弁髦(máo)[18]亦小儿之饰。左衽(rèn)[19]是夷狄之服，短后[20]是武夫之衣。

——节选自《幼学琼林·衣服》

【注释】

1. 元服：冠，帽子。

2. 身章：衣服。

3. 弁、冔、冕：都是帽子的别称。弁，古代男子穿礼服时所戴的冠称弁。冕，古代帝王、诸侯、卿大夫所戴之礼帽，后专指帝王的礼帽。

4. 履、舄、屣：都是鞋子的别称。单底叫履，复底叫舄。屣，也是鞋。

5. 上公命服：上公，周制，三公（太师、太傅、太保）八命，出封时加一命，称为上公。命服，原指周代天子赐予元士至上公 9 种不同命爵的衣服。后泛指官员及其配偶按等级所穿的制服。

6. 九锡：古代天子赐给诸侯、大臣的 9 种器物，是一种最高礼遇。

7. 三加：古代男子行冠礼，初加缁布冠，次加皮弁，再次加爵弁，称为三加。

8. 簪缨：古代官吏的冠饰，后用以喻显贵。

9. 章甫缝掖：章甫，缁布冠。缝掖，宽袖的单衣，古时儒生所穿，后以缝掖代称儒生。

10. 布衣、白丁：布衣，布做的衣服，后也借指平民。白丁，犹言白身，即没有功名的人。

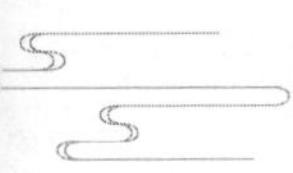

11. 青衿：青色交领的长衫。

12. 葛屦：用葛制成的鞋，夏季穿。

13. 绿衣黄里：古时以黄色为正色，绿色为闲色。以闲色为衣，以正色为里，喻尊卑、贵贱颠倒失序。

14. 衣、裳、襟、裾：衣，上衣。裳，下衣。襟，上衣的前幅。裾，衣服的前襟，泛指衣襟。

15. 褴褛：形容衣服破烂，也指破烂的衣服。

16. 华裾：美丽的衣服。华，美观。

17. 襁褓：包裹、背负婴儿用的布、被之类。

18. 弁髦：古代男子成人，行冠礼，三加之后即不再用缁布冠，剃去垂髦，理发为髻。后用弁髦喻无用之物。髦，幼童垂于眉际的头发。

19. 左衽：古代少数民族的服装前襟向左，不同于中原一带人民的右衽。衽，衣襟。

20. 短后：衣之后幅较短，便于动作。

【作者生平】

《幼学琼林》原名《幼学须知》，明程允升著。一说丘濬著。嘉庆年间，经邹圣脉增补，改为今名。

程允升籍贯及生平不详。邹圣脉，字宜彦，号梧冈，生于清康熙三十年（1691）。自幼聪颖过人，才名遍于乡梓。早年也曾属意科举，但因恃才傲物，不屑八股之文，遂屡试不第。晚年以一介布衣，隐居乡里，耕读自娱。其增补《幼学须知》即在他隐居乡里之时。

【写作背景】

《幼学琼林》是中国古代的蒙学课本，共 4 卷。博采自然、社会、历史、伦理等方面的知识典故，分类成篇，编成骈语，读来上口，且易记忆，受到广大诵习者欢迎，流传极广。

菩萨蛮[1]

［唐］温庭筠

小山[2]重叠金明灭[3]，鬓云[4]欲度[5]香腮雪[6]。懒起画蛾眉[7]，弄妆[8]梳洗迟。

照花前后镜，花面交相映。新帖绣罗襦[9]，双双金鹧鸪。

【注释】

1. 菩萨蛮：本唐教坊曲名，后用为词牌名，也用作曲牌名。

2. 小山：指屏风上的图案。一说小山指的是眉妆——小山眉。

3. 金明灭：形容阳光照在屏风上金光闪闪的样子。
4. 鬓云：像云朵似的鬓发，形容发髻蓬松如云。
5. 欲度：将掩未掩的样子。度，覆盖。
6. 香腮雪：香雪腮，雪白的面颊。
7. 蛾眉：女子的眉毛细长弯曲像蚕蛾的触须，故称蛾眉。
8. 弄妆：梳妆打扮，修饰仪容。
9. 罗襦：丝绸短袄。襦，短上衣。

【作者生平】

温庭筠（801—866），唐代诗人、词人。本名岐，字飞卿，太原（今山西太原西南）人。有天赋，文思敏捷。温庭筠诗词兼工，诗与李商隐齐名，时称“温李”。其诗辞藻华丽，多写闺情。其词更是刻意求精，注重文采和声情，成就在晚唐诸人之上，被尊为“花间鼻祖”。生性放浪不羁，好讥嘲权贵，取憎于时，因此累年不第。宣宗大中十三年（859），为随县尉，后改方城尉，官终国子助教。

【写作背景】

此词写闺怨之情，却不着一字点破，只是描写主人公起床前后一系列的动作，让读者由此去窥视其内心的隐秘。尤其是词的末两句“新帖绣罗襦，双双金鹧鸪”，不仅充分体现了温庭筠词密丽浓艳的风格，而且以咏物衬人情，更见蕴藉。

谢人惠云巾方舄（xì）[1]二首（其二）

［宋］苏轼

胡靴短靿（yào）[2]格粗疏，古雅无如此样殊。
妙手[3]不劳盘[4]作凤[5]，轻身只欲化为凫（fú）[6]。
魏风褊（biǎn）俭堪羞葛，楚客豪华可笑珠。[7]
拟学梁家名解脱[8]，便于禅坐作跏趺（jiā fū）[9]。

【注释】

1. 舄：一种加木底的鞋。
2. 靿：靴筒。
3. 妙手：技艺高超的人。
4. 盘：回绕，盘曲。
5. 凤：这里指古代汉族妇女一种凤头形鞋子。亦称“凤头履”“凤翘”等。

6. 轻身只欲化为凫：意思是说穿上方舄，只觉身轻如凫。

7. 葛、珠：葛，以葛制成的鞋。夏季穿。珠，指珠履，缀珠的鞋。

8. 拟学梁家名解脱：拟，计划，打算。梁家，指梁武帝，曾制作出解脱履。解脱，解脱履，丝制的无跟履。

9. 便于禅坐作跏趺：禅坐，即坐禅。佛教僧尼修行的功课，每天在一定时间静坐，排除一切杂念，使心神恬静自在。跏趺，佛教徒的坐法，即所谓结跏趺坐。

【作者生平】

苏轼（1037—1101），北宋文学家、书画家。字子瞻，号东坡居士，眉州眉山（今属四川）人，嘉祐进士。神宗时曾任职史馆，因与王安石政见不合而求外职，任杭州通判，继知密、徐、湖三州。元丰二年（1079）七月以诗文谤讪新政的罪名被捕入狱，数月后获释，被贬为黄州团练副使，史称“乌台诗案”。哲宗时任翰林学士，曾出知杭州、颍州等，官至礼部尚书。后又贬谪惠州、儋州。徽宗即位，遇赦北归，第二年病死常州。南宋时追谥文忠。与父洵弟辙，合称“三苏”，俱被列入“唐宋八大家”。

【写作背景】

这是一首赋方舄的诗。从苏轼这首诗可以看出宋代的名士以穿方舄为古雅。他们认为“古雅无如此样殊”，把方舄作为礼品互相赠送。

二、励志砺学　知行合一

请从下面五组学习任务中至少选择两组并完成。

学习任务一：彩绘胡服

战国时赵武灵王为了国家的强大，推行胡服、教练骑射。当时所谓的“胡服”，是指衣短袖窄的服装，同宽衣博带长袖大不相同；“骑射”指周边游牧部族的“马射”，有别于中原地区传统的“步射”。从此，军队中宽袖长衣的军装，逐渐改进为后来的衣短袖窄的军装，从而顺应了战争方式由步战向骑战发展的趋势，为国家的稳固和发展奠定了基础。

（一）活动规则

请以小组为单位，搜索胡服样式，绘制胡服，在课堂上展示并介绍本组胡服绘制成果。

（二）活动内容

结合本课“博观约取”内容，运用网络搜索胡服样式的图片、文字介绍等。

通过小组讨论，选择一张清晰的胡服样式图，画在下面的边框中，并用简洁的文字介绍胡服每一部分的名称及功能。

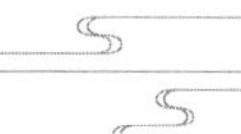

学习任务二：制作裙裳断代史

裙子在中国的历史可谓源远流长，而且裙子的名称也很丰富，比如无缘裙、留仙裙、凤尾裙等。每个朝代的裙装有其不同的特点，样式也各不相同。

（一）活动规则

请以小组为单位，搜索各朝代裙裳的样式图片、文字介绍等，制作 PPT 或小报，在课堂上展示并介绍小组制作的“裙裳断代史”。

（二）活动内容

结合教材“留仙裙的故事”，运用网络搜索各时代裙裳样式的图片、文字介绍等。

通过小组讨论，填写下列表格。

裙裳汇总表

时代	裙裳名称	样式特点
春秋战国		
秦汉		
南北朝		
隋唐		
两宋		
元		
明		
清		

学习任务三：我是古装设计师

中华民族的服饰文化具有悠久的历史、丰富的积淀，绚丽多彩。汉服在服饰的发展中占据重要的地位，首服、体衣、足衣、配饰等共同组成汉服的整体衣冠系统。各朝代服饰的演变，多以此为依据。我们在荧屏上常看到古装演员穿着不同朝代的服饰，仿佛穿上那套服饰，演员自己也能体验到当时的风土人情。

（一）活动规则

1. 请以小组为单位，选择一个朝代的一个人物作为模特，搜集资料，为其搭配首服、体衣、足衣及配饰。

2. 在课堂上，以小组为单位展示整体设计图，介绍设计过程。

（二）活动内容

结合教材“源远流长”的内容，选择一个朝代的一个人物，运用网络搜索其服装样式的图片、文字介绍等。

根据所选服装样式，填写下列表格。

模特服装样式信息表

模特朝代：

模特身份：

	名称	样式特点	整体设计图
首服			
体衣			
足衣			
配饰			

学习任务四：开展“千秋华夏，礼仪之邦”演讲比赛

纵观中国几千年的历史，服饰不仅展现出了朝代的更迭，也体现着文化的发展。中华民族在历史长河中创造了灿烂的文化，形成了高尚的道德准则、完整的着装礼仪规范。孔子“朝服而朝”，孟子“衣服不备，不敢以祭”，都说明了服饰对于“礼”的表现作用。

（一）活动规则

以“千秋华夏，礼仪之邦”为题目，每组选派一名代表，上台进行一次3分钟演讲。注意：演讲过程中需要举出具体事例。

（二）活动内容

结合本课教材的内容，以小组为单位，讨论如下问题：

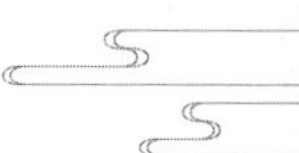

1. 服饰在中国历史中有何作用？

2. 服饰与礼仪有何关系？

3. 作为礼仪之邦的青年，我们应该如何继承与发扬华夏礼仪？

学习任务五：探寻京城皇家服饰

自明朝迁都北京以来，先祖们留下了丰富的皇家服饰资料，供后代研究学习。皇家服饰是一国服饰文化及其制作技艺的典型代表，以制作精巧、礼制严谨、样式华美吸引着世人的目光。欣赏皇家服饰不仅是一场精彩的视觉盛宴，更能从中学习丰富的历史知识，从而品味博大精深的中华文化。

（一）活动规则

以小组为单位，运用网络查找近期皇家服饰的相关展览，实地参观，回来后介绍其中一套服饰；或运用网络资源，搜索皇家服饰，选择最感兴趣的一套服饰，在课堂上对其进行介绍。

（二）活动内容

可参照下表进行介绍的准备工作。

服饰介绍信息表

何人所穿服饰	
服饰有何特点	

三、妙笔生辉 墨润心田

请完成以下字帖描红。

冠称元服，衣曰身章。曰弁曰冔曰冕，皆冠之号；曰履曰舄曰屣，悉鞋之名。上公命服有九锡，士人初冠有三加。簪缨缙绅，仕宦之称；章甫缝掖，儒者之服。布衣即白丁之谓，

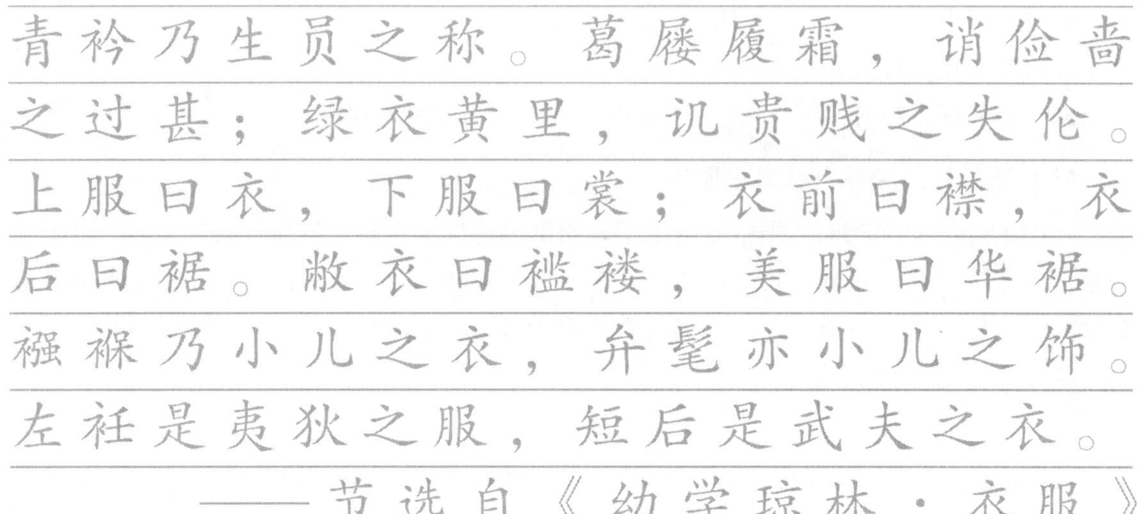

青衿乃生员之称。葛屦履霜，诮俭啬之过甚；绿衣黄里，讥贵贱之失伦。上服曰衣，下服曰裳；衣前曰襟，衣后曰裾。敝衣曰褴褛，美服曰华裾。襁褓乃小儿之衣，弁髦亦小儿之饰。左衽是夷狄之服，短后是武夫之衣。

——节选自《幼学琼林·衣服》

菩萨蛮

[唐]温庭筠

小山重叠金明灭，鬓云欲度香腮雪。懒起画蛾眉，弄妆梳洗迟。

照花前后镜，花面交相映。新帖绣罗襦，双双金鹧鸪。

谢人惠云巾方舄二首（其二）

[宋]苏轼

胡靴短靿格粗疏，

古雅无如此样殊。

妙手不劳盘作凤，
轻身只欲化为凫。
魏风褊俭堪羞葛，
楚客豪华可笑珠。
拟学梁家名解脱，
便于禅坐作跏趺。

第十四课　茶饮闲话

一、文润心田　书香同行

扫二维码，听朗诵录音；结合注释、作者生平和写作背景，体会诗文中蕴含的思想感情。

巽(xùn)上人[1]以竹间自采新茶见赠酬之以诗

［唐］柳宗元

芳丛[2]翳(yì)[3]湘竹[4]，零[5]露凝清华[6]。

复此雪山客[7]，晨朝掇(duō)[8]灵芽[9]。

蒸烟[10]俯[11]石濑(lài)[12]，咫(zhǐ)尺凌[13]丹崖[14]。

圆方[15]丽[16]奇色[17]，圭璧[18]无纤[19]瑕[20]。

呼儿爨(cuàn)[21]金鼎，余馥(fù)[22]延[23]幽遐[24]。

涤虑[25]发[26]真照[27]，还源[28]荡昏邪[29]。

犹同甘露饭[30]，佛事薰毗(pí)耶[31]。

咄(duō)[32]此蓬瀛(yíng)侣[33]，无乃[34]贵流霞[35]。

【注释】

1. 巽上人：僧人，法号重巽。居永州龙兴寺。本诗作于柳宗元贬谪永州时。
2. 芳丛：茶树。
3. 翳：遮盖。此处用作被动，指茶树被竹林所掩映。
4. 湘竹：又名湘妃竹、斑竹、泪竹。此处用其字面义，指产于湘地之竹。
5. 零：落下。
6. 清华：清美华丽。常用以形容景物。
7. 雪山客：仙人。此处指重巽。
8. 掇：摘取。
9. 灵芽：对茶之嫩芽的美称。

10. 蒸烟：蒸茶的烟雾。
11. 俯：笼罩。
12. 石濑：水击石间而形成的急流。
13. 凌：升上。
14. 丹崖：被朝霞染红的山崖。
15. 圆方：指饼茶。
16. 丽：附着。这里指显现。
17. 奇色：美妙的色彩。
18. 圭璧：古时玉器名称，多为外圆内方，与饼茶形状相似，故在此喻茶饼。
19. 纤：细小。
20. 瑕：玉上的斑点。
21. 爨：烧火煮。
22. 余馥：从茶鼎中溢出的茶香。
23. 延：伸展。此处作飘散解。
24. 幽遐：幽深僻远处。
25. 涤虑：清除忧虑烦恼。
26. 发：现出。
27. 真照：真相。
28. 还源：返归本源，与“发真照”同义。
29. 荡昏邪：清除昏昧邪恶之念。
30. 甘露饭：斋饭。此处为借用佛教典故，形容茶的美妙芳香。
31. 毗耶：梵语，义译为平整庄严。诗文中常用来比喻精通佛法、擅说佛理之人。
32. 咄：表示感叹。
33. 蓬瀛侣：此处喻巽上人的茶。蓬瀛，蓬莱、瀛洲，相传均为仙山。
34. 无乃：相当于“恐怕”“只怕”。
35. 流霞：传说中的仙酒。

【作者生平】

柳宗元（773—819），唐文学家、哲学家。祖籍河东（今山西永济西），世称柳河东。4岁即能读古赋，少时为文，有奇名。贞元进士，授校书郎，调蓝田尉，升监察御史里行。唐顺宗即位，柳宗元被擢升为礼部员外郎，协同王叔文等人，推行了一系列改革措施。失败后被贬为永州司马。柳宗元谪居永州 9 年，在抑郁悲凉心境中创作了大量哲学论著和文学精品。后迁柳州刺史，故又称柳柳州。柳宗元在柳州兴利除弊，发展生产，兴办学校，释放奴婢，政绩卓著。与韩愈倡导古文运动，并称“韩柳”，同列“唐宋八大家”。著有

《河东先生集》。

【写作背景】

柳宗元于永贞元年（805）冬被贬至永州，至则无处可居，只得寄寓在永州龙兴寺，得以与僧人重巽相识结交。新春时节，重巽赠以新茶，柳宗元作诗回赠。观此诗，柳宗元心情较为平静，诗的前八句写茶树的生长、茶叶的采摘、成茶的形状及质量；后八句写煮茶、饮茶的妙趣等。诗人品茶时犹同尝到甘露一般舒畅，人亦好像蓬莱仙山的仙人一样，逍遥在霞光美景之中。全诗脉络清晰，笔触细腻清新，余韵无穷。

一字至七字诗·茶

［唐］元稹(zhěn)

茶，
香叶[1]，嫩芽[2]。
慕诗客[3]，爱僧家[4]。
碾雕白玉[5]，罗织红纱[6]。
铫(diào)[7]煎黄蕊色[8]，碗转[9]曲尘花[10]。
夜后邀陪明月，晨前命对朝霞。
洗尽古今人不倦，将知醉后岂堪夸。

【注释】

1. 香叶：芳香的叶子。
2. 嫩芽：鲜嫩的芽。
3. 慕诗客：诗人喜欢茶的高雅清幽。诗客，诗人。
4. 爱僧家：出家之人看重茶的超凡脱俗。
5. 碾雕白玉：茶碾是白玉雕成的。
6. 罗织红纱：茶筛是红纱制成的。
7. 铫：一种带柄有嘴的小锅，煎茶器具。
8. 黄蕊色：指茶水汤色澄碧。
9. 转：摇动，漂荡。
10. 曲尘花：指茶汤上面的沫。曲尘，指茶。

【作者生平】

元稹（779—831），唐诗人。字微之，河南（府治今河南洛阳）人，居京兆万年（今

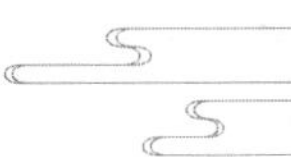

陕西西安）。早年家贫。德宗贞元九年（793）举明经科。十九年登书判拔萃科，授校书郎。宪宗元和元年（806），登才识兼茂明于体用科，授左拾遗，后任监察御史。因得罪宦官及权臣，遭到贬斥。长庆二年（822），拜同中书门下平章事。以暴疾卒于武昌军节度使任所。与白居易友善，常相唱和，世称“元白”。有《元氏长庆集》。

【写作背景】

一字至七字诗是流行于唐代的一种诗体，在大多数的情况下，游戏的成分很重。《一字至七字诗·茶》，形式特别，朗朗上口，描绘了茶的形态、功用和人们对它的喜爱之情。这首唐代茶诗，具有形式美、韵律美、意蕴美，在诸多的咏茶诗中别具一格，精巧玲珑，堪称一绝。

尝 茶

［唐］刘禹锡

生拍[1]芳丛[2]鹰嘴芽[3]，老郎[4]封寄谪(zhé)仙[5]家。

今宵更有湘江月[6]，照出菲菲[7]满碗花[8]。

【注释】

1. 生拍：唐代流行制作饼茶，在加工过程中把蒸煮舂捣后的茶坯放进模子里拍压成饼状。

2. 芳丛：散发清香的茶树，诗中指茶叶。

3. 鹰嘴芽：形容茶芽尖嫩如同鹰嘴。

4. 老郎：言寄茶者。作者的郎姓朋友，疑指郎士元，郎为天宝进士，比刘年长。

5. 谪仙：从天上谪降人间的仙人。借指被谪降的官员。这里系作者自称。

6. 湘江月：作者当时被贬为朗州司马，身处湘江之滨，夜晚可以临江对月品茶。

7. 菲菲：形容香气浓郁。

8. 花：疑指茶沫，或言指茶叶美妙如花。

【作者生平】

略。

【写作背景】

诗人在遭受贬谪之后获得老朋友寄赠的新茶，在湘江月下连夜烹煮，对月品味，思绪万千。

诗表面是写茶，其实是将采茶、寄茶、饮茶三个情景连接在一起，突出潦倒穷困时友情的弥足珍贵，表达了对老友的感怀之情。本诗按照“起、承、转、合”的脉络来写，由

“采茶”起，以“寄茶”承，以“月夜”转，以“满碗花”作结并使意义延伸，非常流畅，毫无穿凿堆砌之嫌。

汲（jí）江[1]煎茶

［宋］苏轼

活水[2]还须活火[3]烹，自临钓石取深清[4]。

大瓢贮月[5]归春瓮[6]，小杓（sháo）分江[7]入夜瓶。

雪乳[8]已翻[9]煎处脚[10]，松风[11]忽作泻时声。

枯肠未易禁三碗，坐听荒城[12]长短更[13]。

【注释】

1. 汲江：从江里打水。
2. 活水：从流动的江中取来的水。
3. 活火：有火苗的旺火。
4. 深清：深处清澈的江水。
5. 贮月：用大瓢舀江水，月亮映在瓢中。
6. 春瓮：此指盛水的瓮。
7. 分江：分离江水。指从江中取水。
8. 雪乳：形容煎茶时浮着的白色泡沫。
9. 翻：沸水翻滚。
10. 脚：茶脚。茶叶竖立水中如有头脚。
11. 松风：喻汤沸声或倒茶声。
12. 荒城：荒凉僻远之城。
13. 长短更：指报更敲梆子的次数。少者为短，多者为长。

【作者生平】

略。

【写作背景】

此诗作于元符三年（1100）。作者被贬在儋州，这首诗就是诗人于这一年的春天在儋州作的。这是一首关于茶道的七律，诗中描写了从取水、煎茶到饮茶的全过程。该诗表现了诗人通达从容的人生态度，谪居心情写得甚为含蓄。全诗构思奇特，描写精细，笔风清新简淡。

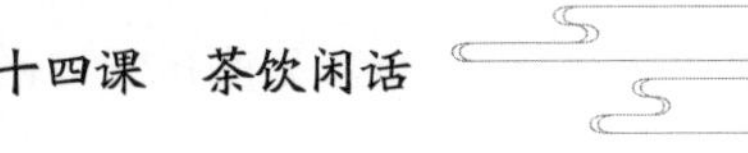

二、励志砺学　知行合一

请从下面五组学习任务中至少选择两组并完成。

学习任务一：参观北京茶文化博物馆，了解北京茶文化

中国是茶的故乡，中国茶文化历史悠久，博大精深。自唐代以来，茶在各个方面影响着中国人的精神世界。北京茶文化博物馆追溯茶被先民发现和利用的历史，陈列不同历史时期茶叶、茶具的实物，从茶的自然属性和人文属性两方面入手，展示北京茶文化的高雅、深邃。

（一）活动规则

1. 4~6 人为一组，分组对北京某一时期的茶文化进行介绍。

2. 每组选举一名代表进行分享。

（二）活动内容

通过教师评价、小组互评及自评的形式评比各小组分享的成果，进而感知北京茶文化内涵。

学习任务二：观影有感

茶道是以吃茶为契机的综合文化活动。源自中国，传至海外。茶道强调环境、气氛和情调，以品茶、置茶、烹茶、点茶为核心，以语言、动作、器具、装饰为体现，以饮茶行为背后的思想和精神追求为内涵。因此，它是关于修身养性、礼仪和交际的综合文化活动。

央视纪录片《茶，一片树叶的故事》是一部全面探寻茶文化的纪录片，它仿佛是一片茶叶引领的旅程，呈现了制茶工艺的神秘、古老茶艺的复兴、茶叶之路的历险……该片还记录了生活在世界上不同国家的几十位茶人的故事，展示他们的汗水、旅程、喜悦、哀愁、爱情、死亡、觉醒、蜕变……一碗茶汤见人情，一道茶，就是一种人生。

（一）活动规则

1. 每位同学撰写一篇 400 字左右的观后感并在班级中进行“说茶论道”交流。

2. 将优秀作品在班级内展示。

（二）活动内容

可在《话说茶文化》《茶，一片树叶的故事》《品茶论道》等系列节目中任选一个进行观看并完成书写观后感的任务。

学习任务三：以北京茶文化为主题，开展演讲活动

茶文化根植于中华文化之中，其内涵是中华文化的一种具体表现。茶文化糅合了中国儒、道等诸派思想，独成一体，是中华文化中的一朵奇葩。我们学习茶文化不仅要学习茶知识，更要学习其中蕴含的高深人生之道。

（一）活动规则

1. 每位同学撰写一篇以北京茶文化为主题的演讲稿。

2. 在班级内部开展主题演讲比赛并评选出第一、二、三名。

（二）活动内容

以北京茶文化为主题，根据学习、生活中的见闻和感悟，结合时代背景，撰写演讲稿。演讲稿要观点突出，逻辑清楚，通俗易懂，事实阐述简洁生动，灵活运用各种修辞手法。此外，要尽量控制好演讲的时长。

演讲评分表

序号	姓名	题目	内容	表达	形式	特点	总分

学习任务四：以北京茶文化为主题撰写相关学习报告

中国素有礼仪之邦的美誉，礼在中国古代用于定亲疏、别同异、明是非。随着社会的变革和发展，礼不断被赋予新的内容，还和中国人的一些生活习惯相融合，形成了各种具有中国特色的文化现象。人们在沏茶、赏茶、闻茶、饮茶、品茶过程中，自然而然地结合了礼仪，形成了一种具有鲜明中国文化特征的文化现象。

（一）活动规则

1. 以学习小组为单位，结合“北京茶文化”学习内容撰写学习报告。

2. 教师就报告内容有针对性地进行点评并对优秀作品进行展示。

（二）活动内容

北京茶文化学习报告撰写内容与格式示范

1. 学习过程介绍

（1）学习的目标

（2）学习的主要方法

2. 主要学习内容

（1）

（2）

（3）

3. 学习中遇到的主要问题

（1）

（2）

（3）

4. 学习体会

学习任务五：走访老舍茶馆，了解北京茶文化

老舍茶馆不仅名满京城，而且享誉海外。它已然成了北京这座古都和国际大都市的城市名片之一。如今，北京的大小茶馆比比皆是，为什么唯独老舍茶馆能享有如此美誉呢？主要是因为它的发展从没离开人民群众的生活和视线，历史的沿革和文化的浸润逐渐使其成为北京茶文化的一个代表。另外，茶馆以老舍先生命名，老舍先生是京味文化的代表之一，他具有非常高的知名度，这为老舍茶馆又增添了神秘色彩和文艺情怀。再者，老舍茶馆京味儿十足，人们进茶馆品的不仅仅是茶味儿，还有深植其中的文化味儿。因此，老舍茶馆是北京茶文化的缩影。

（一）活动规则

1. 以小组为单位，对老舍茶馆体现北京茶文化之处进行解说词编写或视频讲解。

2. 各小组在班级内进行演示，并通过教师评价、小组互评、组员自评等方式参与评优。

（二）活动内容

通过走访活动，加深对北京茶文化内涵的理解与感悟；通过编写解说词或视频讲解，颂扬北京茶文化的博大精深，倡导对中华优秀传统文化的传承。

三、妙笔生辉　墨润心田

请完成以下字帖描红。

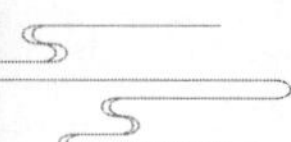

巽上人以竹间自采新茶见赠酬之以诗

［唐］柳宗元

芳丛翳湘竹，零露凝清华。
复此雪山客，晨朝掇灵芽。
蒸烟俯石濑，咫尺凌丹崖。
圆方丽奇色，圭璧无纤瑕。
呼儿爨金鼎，余馥延幽遐。
涤虑发真照，还源荡昏邪。
犹同甘露饭，佛事薰毗耶。
咄此蓬瀛侣，无乃贵流霞。

一字至七字诗·茶

［唐］元稹

茶，
香叶，嫩芽。
慕诗客，爱僧家。
碾雕白玉，罗织红纱。
铫煎黄蕊色，碗转曲尘花。
夜后邀陪明月，晨前命对朝霞。
洗尽古今人不倦，将知醉后岂堪夸。

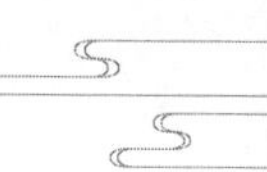

尝茶

［唐］刘禹锡

生拍芳丛鹰嘴芽，老郎封寄谪仙家。
今宵更有湘江月，照出菲菲满碗花。

汲江煎茶

［宋］苏轼

活水还须活火烹，
自临钓石取深清。
大瓢贮月归春瓮，
小杓分江入夜瓶。
雪乳已翻煎处脚，
松风忽作泻时声。
枯肠未易禁三碗，
坐听荒城长短更。

第十五课　行俗路仪

一、文润心田　书香同行

扫二维码，听朗诵录音；结合注释、作者生平和写作背景，体会诗文中蕴含的思想感情。

杨柳枝词（其八）

［唐］刘禹锡

城外春风吹酒旗，行人挥袂(mèi)[1]日西时[2]。

长安陌[3]上无穷树，唯有[4]垂杨管[5]别离。

【注释】

1. 挥袂：挥动衣袖，告别时的动作。袂，袖子。
2. 日西时：黄昏。
3. 陌：道路。
4. 唯有：只有。
5. 管：寄托。

【作者生平】

略。

【写作背景】

《杨柳枝词》共9首，当为刘禹锡晚年所作。其将杨柳之体态、风韵、情思以及与杨柳有关的故事与习俗巧妙地运用于咏杨柳中，且诗歌含情婉转，风情宛然，声韵和谐，流丽而多韵味，使人咏之而兴味不尽。

踏莎行[1]·祖席[2]离歌

［宋］晏殊

祖席离歌，长亭[3]别宴。香尘[4]已隔犹回面[5]。居人[6]匹马映林[7]嘶，行人[8]去棹(zhào)[9]依

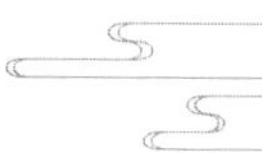

波转。

画阁[10]魂消[11]，高楼目断[12]。斜阳只送平波远。无穷无尽是离愁，天涯地角寻思[13]遍。

【注释】

1. 踏莎行：词牌名。
2. 祖席：古代出行时祭祀路神曰祖。后来称饯别的宴会为祖席。
3. 长亭：古时于道路每隔十里设长亭，供行旅歇息。近城者常为送别之处。
4. 香尘：地上落花很多，尘土都带有香气，因此称香尘。
5. 回面：回顾。
6. 居人：指留在家里的人。
7. 映林：隔林。
8. 行人：出行的人。相对前句的“居人”而言。
9. 去棹：离去的船。棹，船桨。此处指代船。
10. 画阁：彩绘华丽的楼阁。
11. 魂消：形容极其哀愁。
12. 目断：望尽，极目力所及。
13. 寻思：思索，考虑。

【作者生平】

晏殊（991—1055），北宋政治家、文学家。字同叔，抚州临川（今江西抚州）人。出身清贫，景德中应神童试，与进士千余人同试廷中，神气自若，援笔立成，赐同进士出身。庆历中官至集贤殿大学士、同中书门下平章事兼枢密使。病卒于家，谥元献。其词擅长小令，多表现诗酒生活和悠闲情致，语言婉丽。有《珠玉词》传世。

【写作背景】

《踏莎行·祖席离歌》是一首咏别情的词。上片写饯行的情景，开始写送别场面，然后分别从送行者、行者两方面写离情，一方面表现送行者的依依难舍，另一方面叙写行人的不忍离去；下片单从送行者方面写对行者的思念，因行者从水路乘船走，所以仍紧扣水波写。此词写饯别相送及别后的怀思，均情景逼真，含蕴无尽。如一幅丹青妙手绘的春江送别图，令读者置身其间，真切地感受到作者的缱绻深情。

送　别

李叔同

长亭外，古道边，芳草碧连天。

晚风拂柳笛声残，夕阳山外山。
天之涯，地之角，知交[1]半零落[2]。
一觚（gū）[3]浊酒尽余欢，今宵别梦[4]寒[5]。

长亭外，古道边，芳草碧连天。
问君此去几时来，来时莫徘徊。
天之涯，地之角，知交半零落。
人生难得是欢聚，唯有别离多。

【注释】

1. 知交：知心朋友。
2. 零落：指草木凋落，比喻死亡。
3. 觚：古代酒器，盛行于中国商代和西周初期。
4. 别梦：指离别后思念之梦。
5. 寒：即冷清凄苦之意。

【作者生平】

李叔同（1880—1942），近代教育家、书法家、画家、僧人。名文涛，字息霜，浙江平湖人，生于天津。出身于清进士、盐商家庭。擅长书画、篆刻，工诗词。1898 年支持康有为、梁启超戊戌维新变法，失败后南逃上海，参加城南文社。1900 年组织成立上海书画公会。1901 年入南洋公学。1905—1910 年间在日本东京学西洋绘画和音乐。曾同曾孝谷等创立春柳社，参加话剧《茶花女》《黑奴吁天录》的演出。1906 年创办《音乐小杂志》。1910 年回国，1912 年入南社，任《太平洋报》副刊画报主编。1915 年任南京高等师范美术主任教习。1918 年在杭州虎跑寺出家，法名演音，号弘一。创设南山律学院，弘扬南山戒律。

【写作背景】

《送别》是李叔同 1914 年写的一首歌词，对近代词曲影响极大。这首恬淡舒缓、柔情委婉的歌曲，音乐与修辞的结合堪称完美，传达出万物无常的言外之意，为广大音乐喜好者传唱，历久不衰。这首歌词语言精练，感情真挚，意境深邃。吟诵它，在我们眼前会展现出这样一幅画卷：长亭、古道、拂柳、夕阳、芳草，在夕阳残照中，群山连绵，笛声凄婉……凄美的景象中，有一种既伤感又凄凉的情思不知不觉在我们心中产生。

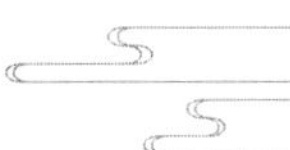

二、励志砺学　知行合一

请从下面五组学习任务中至少选择两组并完成。

学习任务一：通过制作视频或绘制手抄报介绍北京出行礼俗

中国古代有安土重迁的传统，人们追求安稳平静的生活，重视出行礼俗。虽然古今出行方式发生了巨大变化，一些出行礼俗的形式也发生了变化，但是人们的出行观念仍有相似的地方，出行礼俗背后蕴含的情意也有相通之处。古人送别要祖席宴饮，今天亲朋好友远行，我们仍然会宴饮送别。古人有祈祝旅途平安的赠言，今天我们也会对出行的亲友送上“一路平安”“一帆风顺”的祝福。古代已经制定了简易的交通规则，现代的交通规则更为人性化和完备。古人旅行每到一地，会留下题刻纪念，今天我们也会拍照摄像留念。迎接远行归来的亲友，古今都会准备酒宴以接风洗尘。

（一）活动规则

1. 4~6 人为一组，通过制作视频或绘制手抄报介绍北京出行礼俗。

2. 每组选举一名代表进行分享。

3. 通过教师评价、小组互评及组员自评的形式评比制作效果。

（二）活动内容

小组成员通过教材“源远流长”板块感知出行礼俗的文化内涵，运用比较学习法对北京古今出行礼俗进行对比，合作完成视频的剪辑制作或手抄报的制作，并在班级中进行成果分享。

学习任务二：观看《交通中国》纪录片，撰写观后感

中华民族先民面对江河纵横、山脉阻隔，在各个历史阶段建成了匹配时代的交通网络，以此实现大国版图的整合、政治的统一、广袤国土的开发、经济资源的调配、多民族文化的融合，由此也铸就了独具特色的交通文化。今天的中国有着纵横交错的智慧交通体系，多元架构的出行方式，高速安全且可自由选择的便捷交通工具，这些无不彰显了现代社会的优越性。通过观看《交通中国》纪录片可以很好地了解中国交通的发展史，感悟其所承载的中华文明及人文情怀。

（一）活动规则

1. 每位同学撰写一篇 400 字左右的观后感并在学习小组中与其他成员进行交流。

2. 教师对优秀作品进行展示。

（二）活动内容

观后感大体上可分为四个部分，供参考。

1. 第一部分，由观而引出感。

开头部分就好比一条醒目的标语或引子一样，要先交代清楚看了什么影片，有什么感

想。一般来说，这一部分要求简明扼要、开门见山，千万不要绕圈子、卖关子、遮遮掩掩，要用肯定的语气概括地说出感受是什么。简单但明确，这样就可以了，不必展开来说。

2. 第二部分，具体谈感受是什么。

读书、看电影都有一个过程，都需要一段时间，而我们的感受也是在这个过程、这段时间内一点一点产生的。感受要自然真实，不要无病呻吟，虚假不实。

写法上，可采用夹叙夹议的形式，“叙”就是把打动人的故事情节或人物形象或词句叙述出来，“议”就是抒发自己的感受，要有层次地把自己的感情一步一步地推向顶点，使其得到升华。

3. 第三部分，把感受与现实生活结合。

可以联系生活中的事例来谈感受。

4. 第四部分，文章的结尾，要对全文内容做个总结。

可以进一步抒发理想或希望与祝愿，将全文的情感升华到顶点。

学习任务三：以“文明出行”为主题，开展演讲活动

文明出行是一种美德，也是一种好的习惯。我们应秉持“文明出行，走出安全，走出尊重，走出和谐”的宗旨，让文明出行成为社会风尚，让“关爱生命，文明出行”的意识扎根于每个人内心深处。在摒弃不文明交通陋习的同时，我们要争做文明交通的宣传者、践行者、示范者，展现出我们应有的文明出行风范和良好的文明素养。不过，当下还有很多不文明的出行行为在困扰着我们的生活，我们离真正的文明出行还有努力空间。

（一）活动规则

1. 每位同学撰写一篇以“文明出行”为主题的演讲稿。

2. 在班级开展主题演讲比赛并进行评优。

（二）活动内容

学生以“文明出行”为主题，撰写演讲稿。演讲稿要观点突出、逻辑清楚、通俗易懂、事实阐述简洁生动，灵活运用各种修辞手法，精心组织材料，从而使演讲稿具有较强的感染力。此外，要尽量控制好演讲的时长。

演讲评分表

序号	姓名	题目	内容	表达	形式	特点	总分

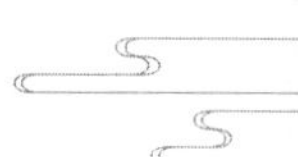

学习任务四：撰写《出行礼俗》学习报告

出行礼俗在我国不同的民族和地区，至今仍有着丰富多样的形式和内容。随着社会的变革和发展，出行礼俗又不断被赋予了新的内容。

（一）活动规则

1. 以学习小组为单位，阅读《出行礼俗》一书，撰写学习报告。

2. 教师就报告内容进行有针对性的点评并对优秀作品进行展示。

（二）活动内容

关于《出行礼俗》的学习报告

1. 学习过程介绍

____

____

____

2. 主要学习内容

____

____

____

3. 学习中遇到的主要问题

____

____

____

4. 学习体会

____

____

____

____

学习任务五：参观北京公交博物馆，介绍北京交通工具的“前世今生”

变迁，是北京交通永恒的主题，而北京公交博物馆就是百年来北京交通变迁的最好见证。在短短的百年间，交通工具由轿子、马车、骡车到自行车、人力车再到有轨电车、无轨电车、公共汽车，其完美转变和质的飞跃展现了人们出行方式翻天覆地的变化。近年来，随着交通工具与交通设施的智慧化发展，全新的、共享出行的交通方式正趋于完善，多维度立体化服务更能满足人们的个性化出行需求，未来的智能共享出行方式将提供更多不同交通出行方式的组合。新技术的发展一日千里，“以人为本”的理念将会让城市更智慧，出行更智能。

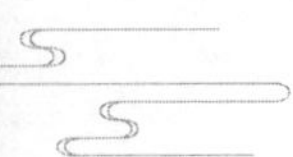

（一）活动规则

1. 以学习小组为单位，参观北京公交博物馆，对北京交通工具的“前世今生”进行解说词编写或视频讲解。

2. 各小组在班级内进行展示，通过教师评价、小组互评、组员自评等方式参与评优。

（二）活动内容

通过参观活动，加深对北京出行礼俗及交通工具的了解与感悟；通过编写解说词或视频讲解活动，增强对中国民俗文化的情感认同和民族自信，倡导科技兴国、创新强国的理念，坚持对中华民族传统美德的秉持和传承。

三、妙笔生辉　墨润心田

请完成以下字帖描红。

杨柳枝词（其八）

［唐］刘禹锡

城外春风吹酒旗，

行人挥袂日西时。

长安陌上无穷树，

唯有垂杨管别离。

踏莎行·祖席离歌

［宋］晏殊

祖席离歌，长亭别宴。香尘已隔犹回面。居人匹马映林嘶，行人去棹依波转。

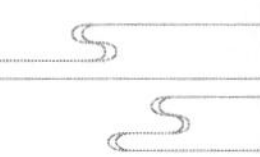

画阁魂消，高楼目断。斜阳只送平波远。无穷无尽是离愁，天涯地角寻思遍。

送别

李叔同

长亭外，古道边，芳草碧连天。
晚风拂柳笛声残，夕阳山外山。
天之涯，地之角，知交半零落。
一觚浊酒尽余欢，今宵别梦寒。

长亭外，古道边，芳草碧连天。
问君此去几时来，来时莫徘徊。
天之涯，地之角，知交半零落。
人生难得是欢聚，唯有别离多。

第十六课　传统节日：清明

一、文润心田　书香同行

扫二维码，听朗诵录音；结合注释、作者生平和写作背景，体会诗文中蕴含的思想感情。

长安清明

［唐］韦庄

蚤(zǎo)[1]是伤春梦雨天，可堪[2]芳草更芊(qiān)芊[3]。
内官[4]初赐清明火[5]，上相[6]闲分白打[7]钱。
紫陌(mò)[8]乱嘶红叱(chì)拨[9]，绿杨高映画秋千[10]。
游人记得承平[11]事，暗喜风光似昔年。

【注释】

1. 蚤：同“早”。
2. 可堪：哪堪，如何经受得了。堪，能承受。
3. 芊芊：草木茂盛的样子。
4. 内官：太监，宦官。
5. 赐清明火：唐时惯例，宫廷在清明取榆柳火种赐给近臣贵戚。
6. 上相：本是对宰相的尊称，此处泛指大臣。
7. 白打：蹴鞠的一种玩法。
8. 紫陌：指京师郊野的道路。
9. 红叱拨：名马名。
10. 画秋千：装饰美丽的秋千。
11. 承平：指太平之时。

【作者生平】

韦庄（约 836—910），唐末五代诗人、词人。字端己，长安杜陵（今陕西西安东南）人。少孤贫，才敏过人。广明元年（880）他在长安应举，适值黄巢军攻占长安，未能逃

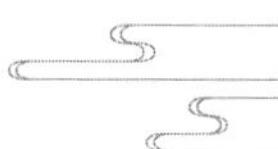

走，直到中和二年至三年间（882—883）始得逃往洛阳，作《秦妇吟》。乾宁元年（894）再试及第，任校书郎，已年近60。天复元年（901），他被聘为西蜀掌书记。天祐四年（907），朱全忠灭唐建梁，韦庄亦劝王建称帝，建立蜀国，史称前蜀。后官至吏部侍郎同平章事。其词语言清丽，感情率真，多写闺情离愁和游乐生活。与温庭筠齐名，并称“温韦”。著有《浣花集》。

【写作背景】

唐僖宗广明元年（880），黄巢农民起义军攻陷长安；光启元年（885），李克用又进逼京师。经过多年的战乱，长安城早已满目疮痍。唐昭宗景福二年（893）至乾宁元年（894），韦庄在长安应进士试。这首诗就是在这一时期所作。家国多难、战乱频仍、举世纷扰之际，清明时节的长安依然歌舞升平，达官贵人耽于享乐，思之令人感伤。诗人用冷峻的目光，看似闲淡地刻画长安城清明时节热闹如昔、游人如织的欢快场面，实则暗含着深沉的讽刺、斥责之意。游人之喜乐，愈加反衬出诗人“伤时伤世复伤心”的悲郁之情。

寒食[1]野望吟

［唐］白居易

丘墟（xū）[2]郭门[3]外，寒食谁家哭。

风吹旷野纸钱飞，古墓累累[4]春草绿。

棠梨花映白杨树，尽是死生离别处。

冥寞（míng mò）[5]重泉[6]哭不闻，萧萧[7]暮雨人归去。

【注释】

1. 寒食：节日名，在清明前一日。古人从这一天起，3天不生火做饭，所以叫寒食。有的地区清明叫寒食。

2. 丘墟：坟墓。

3. 郭门：外城城门。郭，外城。

4. 累累：重积的样子。

5. 冥寞：阴间。

6. 重泉：黄泉，九泉，是人死后的归处。

7. 萧萧：象声词，指雨声。

【作者生平】

略。

【写作背景】

清明扫墓之风在唐代十分盛行，人们会在寒食节到清明节这几天，祭扫坟茔，慎终追远。开元二十四年（736），唐玄宗下达诏令，将扫墓祭祀活动编入“五礼”，使得清明扫墓活动更加深入人心。白居易的《寒食野望吟》诗就描写了寒食扫墓的情形。旷野苍茫，古墓累累，凄风劲吹，纸钱纷飞，黄土之上，人在哭泣，九泉之下的亲人却寂静无声。全诗道尽生离死别的苦痛。

破阵子[1]·春景

［宋］晏殊

燕子来时新社[2]，梨花落后清明。池上碧苔(tái)[3]三四点，叶底黄鹂一两声。日长飞絮[4]轻。

巧笑[5]东邻女伴，采桑径里逢迎[6]。疑怪[7]昨宵春梦好，元是今朝斗(dòu)草[8]赢。笑从双脸[9]生。

【注释】

1. 破阵子：词牌名，原为唐教坊曲名。

2. 新社：社日是古代祭祀土地神的日子，以祈丰收，有春秋两社。新社即春社，时间在立春后、清明前。

3. 碧苔：碧绿色的青苔。

4. 飞絮：飘荡着的柳絮。

5. 巧笑：形容少女美好的笑容。

6. 逢迎：碰头，相逢。

7. 疑怪：诧异，奇怪。这里是“怪不得”的意思。

8. 斗草：古代妇女的一种游戏，也叫“斗百草”。

9. 双脸：指脸颊。

【作者生平】

略。

【写作背景】

古时，每年在春秋时节，人们会祭祀土地神。这两次祭祀土地神的日子叫春社和秋社。古人尤重春社，邻里聚会，酒食分享，赛会欢腾，非常热闹。古代女子在社日和清明时节可以停止劳作，做一些斗草、荡秋千之类的游戏。这首词就是以春社为背景所写。归来的燕子、飘落的梨花、池上的碧苔、清脆的鸟啼，映衬着笑靥如花的少女，让人感受到春天的生机勃勃和青春的无限美好。

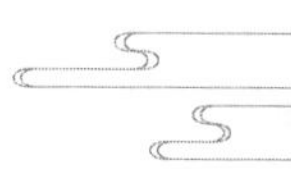

清　明

［宋］黄庭坚

佳节清明桃李笑[1]，野田荒冢(zhǒng)只生愁。
雷惊天地龙蛇蛰(zhé)[2]，雨足郊原草木柔。
人乞祭余骄妾妇[3]，士甘焚死不公侯[4]。
贤愚千载知谁是，满眼蓬蒿(péng hāo)[5]共一丘[6]。

【注释】

1. 桃李笑：用拟人手法形容盛开的桃花、李花。

2. 蛰：动物冬眠。

3. 人乞祭余骄妾妇：《孟子》中提到，齐国有一人每天外出向扫墓者乞讨祭祀后留下的酒饭，回家后却向妻妾夸耀是别人请自己吃饭。此处为诗人借用典故讽刺追求富贵的权贵。

4. 士甘焚死不公侯：借用春秋时介子推宁愿被烧死也不愿再出仕的典故。这里是诗人自况。

5. 蓬蒿：杂草。

6. 丘：指坟墓。

【作者生平】

黄庭坚（1045—1105），北宋诗人、书法家。字鲁直，号山谷道人、涪翁，洪州分宁（今江西修水）人。自幼好学，博览经史百家。治平进士。开创了江西诗派，被尊为江西诗派“三宗”（三宗为黄庭坚、陈师道、陈与义三人）之首。又能作词。著有《山谷集》。

【写作背景】

本首诗作于北宋末年的“元祐党争”时期（1086—1094）。王安石主持变法时推行新政措施，朝廷形成了支持变法的“新派”和反对新政的“旧派”。旧派也被称为“元祐党人”，其中包括大文豪苏轼、司马光等人。黄庭坚因与苏轼交好，也略受牵连。这是诗人触景生情之作，通篇运用对比手法，抒发了人生无常的慨叹。诗人看到大自然的一片生机，想到的却是人世间不可逃脱的死亡的命运，表达了一种消极虚无的思想，悲凉的情绪流溢于诗行间，这与诗人一生政治上的坎坷以及禅宗思想是分不开的。

二、励志砺学　知行合一

请从下面五组学习任务中至少选择两组并完成。

学习任务一：搜集资料，了解清明节的由来和习俗

清明节，又称踏青节、祭祖节等，节期在仲春与暮春之交。2006年，清明节经国务院批准，被列入第一批国家级非物质文化遗产名录。清明节源自上古时代的祖先信仰与春祭礼俗，既是自然节气，也是传统节日。清明节的两大礼俗主题是扫墓祭祖与踏青郊游，这两大主题在中国自古传承，至今不辍。

（一）活动规则

1. 4~6人为一组，合作完成手抄报，对清明节的由来和习俗进行介绍。
2. 每组选举一名代表进行分享。
3. 通过教师评价、小组互评及组员自评的形式评比各组成果。

（二）活动内容

搜集资料时可以多渠道搜集，网络、图书、视频平台等渠道都可以考虑。

学习任务二：诗情画意——为诗歌配画

中国传统诗歌大多运用寓情于景、以景托情、情景交融的艺术处理技巧。诗歌创作过程是一个观察、感受、酝酿、表达的过程，是对生活的再现过程。有时，诗中所咏叹的社会事物，所刻画的人物形象，所描绘的生活场景，所铺陈的社会生活情节和史实，也是用来寄托情思的。诗词如画，在虫鱼鸟兽中描摹自然，在小桥流水中展现乾坤，让人感叹，使人沉醉。

（一）活动规则

1. 结合教材“含英咀华”板块中的诗歌译文以及自己的理解，为书中诗歌配画。
2. 完成诗歌配画后在班级内进行成果展示。
3. 班内评比创作成果。

（二）活动内容

在下笔前，可以再次阅读“含英咀华”板块的诗歌译文，加深自己的理解。

学习任务三：清明节相关诗歌朗诵会

清明是一个悲喜杂集的节日，人们既礼赞万物复苏、大地欣欣向荣，又悼亡惜逝，感叹生命无常。在清明节这天，扫墓祭祀、缅怀祖先，有利于弘扬孝道、唤醒家族共同记忆。杜牧《清明》中的诗句“清明时节雨纷纷，路上行人欲断魂”，写的是清明时节人们冒雨上坟祭祖的景象，抒发了因怀远而肝肠寸断的情感。欧阳修《阮郎归》中的词句“南园春半踏青时，风和闻马嘶”，却又道出了清明时节人们外出踏青赏春，在和畅的春风中听闻马儿嘶鸣的愉悦之情。

（一）活动规则

1. 查阅资料，朗诵与清明节相关的诗歌。
2. 在班级内进行成果展示，必须脱稿朗诵，时间在3~5分钟。

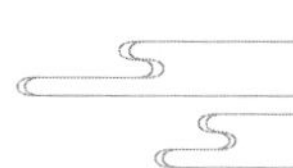

3. 班内评比朗诵成果。

（二）活动内容

朗诵内容要健康、积极向上、契合主题。朗诵时发音要清晰，声音要富有表现力，达到一定朗诵效果。

学习任务四：编写文明扫墓宣传语

自古以来，在中华大地上涌现出了众多极有名望的人，他们为了这片土地的繁荣和富强不懈奋斗，留下了许多可歌可泣的动人事迹，理应得到后人的敬仰和学习。而清明节就是我国传统节日中缅怀祖先、纪念先人的重要节日，是一个意义深远的日子。如今提倡文明扫墓，鼓励采用敬献鲜花、诵读经典等方式缅怀先人，以这种文明的方式缅怀先人既不污染环境，又能充分表达对先人的思念。

（一）活动规则

1. 编写文明扫墓宣传语。

2. 教师将优秀作品在班级内进行展示。

（二）活动内容

编写宣传语要达到宣传鼓动的目的，建议用通俗的话语倡导人们文明扫墓，要求：语言简洁，句式简短，字数较少，表情达意准确。

学习任务五：人民英雄纪念碑解说词编写或视频讲解

在清明节这天，人们不仅会缅怀祖先，还会纪念为人民立过功、做过好事的烈士。缅怀烈士必不可少，我们要铭记为了中华民族的解放和繁荣而英勇献身的英雄们。

人民英雄纪念碑是政府为纪念中国近现代史上的革命烈士而修建的纪念碑，位于北京天安门广场中心，在天安门南约 463 米，正阳门北约 440 米的南北中轴线上。 每到清明节，人们会自发去人民英雄纪念碑前或默哀，或瞻仰，或敬上一捧鲜花，向英烈们致敬。

（一）活动规则

1. 网上查阅资料或实地参观人民英雄纪念碑，以小组为单位进行解说词编写或视频讲解。

2. 各小组在班级的进行成果展示，并通过教师评价、小组互评、组员自评等方式参与评优。

（二）活动内容

通过参观或查阅资料，编写解说词或进行视频讲解，加强爱国主义教育。

三、妙笔生辉　墨润心田

请完成以下字帖描红。

长安清明

［唐］韦庄

蚤是伤春梦雨天，
可堪芳草更芊芊。
内官初赐清明火，
上相闲分白打钱。
紫陌乱嘶红叱拨，
绿杨高映画秋千。
游人记得承平事，
暗喜风光似昔年。

寒食野望吟

［唐］白居易

丘墟郭门外，
寒食谁家哭。
风吹旷野纸钱飞，
古墓累累春草绿。
棠梨花映白杨树，
尽是死生离别处。

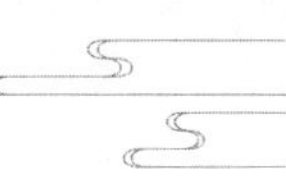

冥寞重泉哭不闻，
萧萧暮雨人归去。

破阵子·春景

［宋］晏殊

燕子来时新社，梨花落后清明。池上碧苔三四点，叶底黄鹂一两声。日长飞絮轻。

巧笑东邻女伴，采桑径里逢迎。疑怪昨宵春梦好，元是今朝斗草赢。笑从双脸生。

清明

［宋］黄庭坚

佳节清明桃李笑，
野田荒冢只生愁。
雷惊天地龙蛇蛰，
雨足郊原草木柔。

人乞祭余骄妾妇，
士甘焚死不公侯。
贤愚千载知谁是，
满眼蓬蒿共一丘。